世界標準のSEL教育のすすめ

『切りひらく力』を育む親子習慣

学力だけで幸せになれるのか？

Eri Shimomukai

小学館

はじめに

「どうすれば子どもの可能性を最大限に伸ばせるのか」
「激しく変化する社会で、
わが子が幸せに生きるには何が必要か」

そんな不安と期待を抱き、
本書を手に取っていただいたのではないかと思います。
私自身も教育者として、そして親として、
これらの問いに日々向き合い、探究し、実践しています。

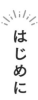

ひとりひとりの生まれ持った可能性を引き出し、
それを磨き続ける社会の実現を目指して、
私は株式会社ｒｏｋｕ ｙｏｕを5年ほど前に設立しました。
沖縄県を拠点に、全国の学校へ向けて、
ＳＥＬ（Social Emotional Learning／社会性と情動の学び）を
基軸としたプログラムや研修の提供などをしています。
これまで小学校から大学まで約１００校の
学校改革や探究学習の支援に携わってきました。
日々、学校と協働する中で、
未来を生きる子どもたちにとっての「幸せ」とは何か、
会社の仲間と考えています。

たったひとつの物差しで優劣を決めてきた学歴社会も、
大企業に入って安定したキャリアを歩む生き方も、
今や古いものとなりつつあります。
すでに多くの人が「このままでいいのだろうか？」という
違和感を抱いているのではないでしょうか。

「学力だけで幸せになれるのか？」
この命題に、私たちは向き合うべき時期が来ているのだと思います。

では、これからの社会を生きていくために必要な力とは何でしょう。
それは、「子どもたちが自分自身で道を切りひらいていく力」です。
言い換えると、自分が生きたい世界を自分でつくっていく力です。

その考えに至ったのは、学生時代、
社会起業家の研究をしていた頃でした。
自分が出会った社会課題の解決のために主体的に行動し、
創意工夫し諦めずに進むことができる人はどんな環境で育っているのか。
困難にぶつかれば、他者や社会に働きかけ、
思いやりを持ちながら解決しリーダーシップを発揮できる。
彼らには何があるのか。

その問いを追う過程で出会ったのがＳＥＬでした。
ＳＥＬは9ページで紹介する5つの力を主に育みます。
それはまさに、道なき道を自分で切りひらき
困難にめげず前進していける人が持つ力です。

ＳＥＬとは、人間の土台となる能力を伸ばすアプローチです。
人と良好な関係を築く「ソーシャルスキル」と
自分や他者の感情に気づく「エモーショナルスキル」を磨きます。
これまで多くの研究者が、学校を中心として
ＳＥＬの理論やフレームワークを提示してきました。
現在、教育移住先としても注目を集めているシンガポールで
全校に必修化されるなど、世界的にも注目を集めています。

本書ではこのＳＥＬを土台に、〝親子〟の生活の中で、
どのように切りひらく力を育むことができるか、
エビデンスと実践に基づきながらご紹介します。

この本は、社会起業家を育てようという話ではありません。
切りひらく力を手にすると、大なり小なり
「もっとこうなったらいいな」と思うことに、
主体的に働きかけることができるようになります。
その対象は自分かもしれないですし、家族や友人かもしれません。
学校、地域、社会……規模は関係ありません。
自分が生きたい世界をつくるため、何かアクションを起こす。
その積み重ねが、その人の道となります。
生きたい世界は、自分の意志と行動でつくれるのです。

本編では「今日からはじめられる習慣」として、
わかりやすく、具体的な方法をお伝えしたいと考えています。
本書をきっかけに、子どもたちの、そして親御さん自身の
「生きたい世界」に向けて歩み出す方がひとりでも増えたら、
これほどうれしいことはありません。

SELが育む5つの能力

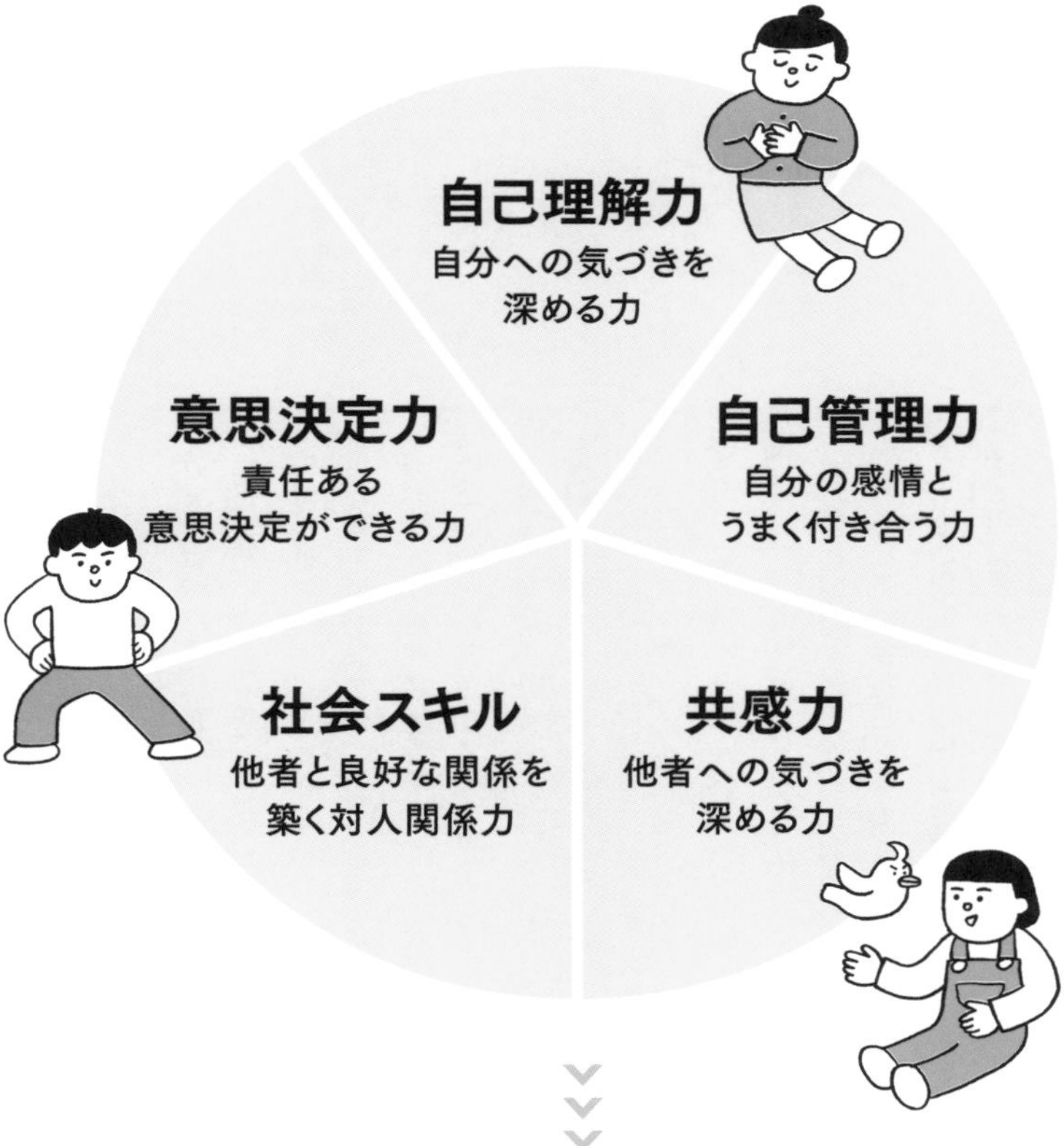

「**切りひらく力**」

が高まる

Contents

Chapter 3
子どもの「苦手」別の処方箋

Chapter 4

今日からできるSELワーク

Chapter
1

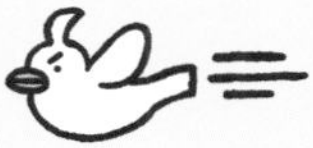

SELで「切りひらく力」を育む
――SELとは何か

まずはSELの基本とその可能性について解説します。SELは学びの土台を築き、成長を支えるものです。植物が健やかに育つにはいい土壌が欠かせないように、人にもいい土台が必要です。SELでは特に「自己理解」が重要視され、これこそが主体性や自信を育てるカギとなります。すぐに実践したい方は、2章以降を先に読んでいただいても問題ありません。

ＳＥＬは学びの土台をつくる

ＳＥＬとはSocial Emotional Learningの略称で、日本語で「社会性と情動の学び」と訳されます。この学びは「Social（ソーシャル）」と「Emotional（エモーショナル）」というふたつの要素から構成されています。「ソーシャル」は、人と良好な関係を築くための社会的能力を指します。一般的にソーシャルスキルとも呼ばれるものです。「エモーショナル」は、自分自身の感情や考えに気づき、また他者の状態を理解し、それに適切に対応する能力を意味します。これらの能力を伸ばすことが、ＳＥＬの目的です。

SELとは

SELとは大きく分けてふたつの能力を育むもの

Social	Emotinal	Learning
社会的能力	気持ちに関わる能力	学び
人と良好な関係を築いていくための力	自分がどんなことを考え感じているかに気づき、その気持ちとうまく付き合える力	

私たちはＳＥＬを「必要な学びに向かうための環境や土台をつくるもの」と定義しています。これは、個人や学校が達成したいさまざまな目標に向けて、助けとなる土台を醸成することを意味します。

「必要な学び」は、人によって異なります。例えば、中学受験に向けた勉強が必要な家庭もあれば、何度も繰り返してしまう忘れ物を防ぐ学びが必要な家庭もあるでしょう。必要な学びは人それぞれですが、**どんな学びにも豊かな土壌が必要です。ＳＥＬはこのような学びの土壌を耕し、人の成長の基盤となります。**

さらに、ＳＥＬは学校や家庭での学びだけでなく、人が学びと成長に主体的に向かう姿勢を育むことも重要な役割としています。これは、子どもたちが将来、社会で自立して生きていくための基盤をつくるアプローチなのです。豊かな土壌があれば、豊かな人が育ちます。**ＳＥＬは各個人の潜在能力を引き出し、自分を大切にしながら自信をもって前進する子どもを育てるのです。**

▼**ＳＥＬは必要な学びのための土壌づくりを行う**

自己理解や意思決定力など5つの力が高まる

SELは、9ページの図にあるように、主に5つの能力を育むアプローチです。これらの能力をひとつずつ見ていきましょう。

・**自分への気づきを深める力（自己理解力）**
自分がどんなときにどのような感情や考えを持つのかを理解することです。また、自分が何を望んでいるのか、何を目指したいのかなど、これから向かっていきたい方向に自覚的になる力も含まれます。

・**自分の感情とうまく付き合う力（自己管理力）**

自分の気持ちや状態に気づき、その感情や思考とうまく付き合う能力です。最近では、アンガーマネジメントという言葉がよく知られるようになりました。ストレスマネジメントや自らを律する力、自分をモチベートする能力なども含まれます。

・**他者への気づきを深める力（共感力）**

多様な他者の内面で起きていることを理解し、共感する力です。他者の立場や境遇を想像する力、多様性に対する深い理解、他者を尊重する力などのことです。

・**他者と良好な関係を築く対人関係力（社会スキル）**

相手の背景も含めて傾聴し、対話する力です。他者との間に生じた課題を解決し、ときには他者の不適切な言動を注意する力も含まれます。対立した際の交渉力や必要に応じて他者を助ける力、チームワークなども該当します。

・**責任ある意思決定ができる力（意思決定力）**

責任をもって意思決定する力のことです。適切な選択をする力や、自らの行動が招いた結果に対して責任を的確にとらえる力といえるでしょう。

こうした5つの力を統合的に育み、発揮していくことが、必要な学びに向かい、環境によって生じる心の課題を解決していくことにつながるのです。

▼SELでは5つの力が統合的に育まれ、必要な学びや心の課題解決に向かっていく

主体性は気づくことから生まれる

ＳＥＬによって育まれる５つの能力は、「切りひらく力」を伸ばすカギとなるものです。私たちは予測が難しく、変化の激しい時代に生きています。このような時代に必要なのは、自分の描くビジョンに向かって道を切りひらき、柔軟に対応しながら実現する力です。

この力には主体性が不可欠です。主体性があるからこそ、「この道を歩みたい」と自分で進むべき道を描き、それを実現するためのエネルギーが生まれます。

実は、主体性の出発点は、「気づくこと」です。ＳＥＬは、この気づく能力を深めることに重点を置いています。

「気づくこと」と聞くと、なんだそんなことかと感じるかもしれません。これは、自身の感情や好み、「快・不快」を感じ取ることからはじまり、「私はあちらではなく、こちらがいい」と自分が求めているほうを選び取れることを指します。この能力には尊重される環境が必要です。「こちらがいい」と選んだところで、採用されなければ、自分の意思に気づくことの意義を見いだせなくなります。それどころか、心と現実のギャップが生じて苦しくなるので、なるべく自分の内面に目を向けないようにしようという力が働くことすらあります。**選択をして、それを表現し、認められることを繰り返すことで、主体性は強化されていきます。**

この経験が自信を育て、「自分ならできる」「きっとうまくいく」という自分への信頼につながります。人は「この壁を越えたら、素晴らしい景色が広がる」と信じられるときに、どんな困難も乗り越えようと努力します。

つまり、挑戦には「実現できる」という自分への自信が必要です。自信がなければ、「どうせうまくいかない」と感じてしまい、自分の可能性を信じて挑戦することはできません。主体性を発揮する経験を通じて自信が育ち、それが主体性を一層強化します。「切りひらく力」とは、自分への信頼を根底に、主体性と自信が結びついた強力なものです。

日々の生活の中で、子どもが自分の感情や意見を表現する機会を増やし、それを真摯に受け止めることで、子どもの自信と主体性を育てることができます。子どもたちが自分自身の道を切りひらく力を身につけるために、親としてサポートすることが非常に重要です。具体的な方法については、2章や4章のワークでご紹介します。

▼自分で意思決定をしなければ、自分自身の道を切りひらくことはできない

自己肯定感が高まる

私は、人は生まれながらにしてたくさんの可能性の種を持つ、尊く、美しい存在と思っています。しかし、現在の日本社会は、子どもたちに自身の存在価値を実感させる環境にはなっていないようです。

日本の子どもたちの自己肯定感の低さについては、みなさんも耳にしたことがあるのではないでしょうか。2019年（令和元年）の調査では、「自分自身に満足している」（「そう思う」と「どちらかといえばそう思う」の合計）と答えた若者は約45%にすぎません。アメリカ87・0％、フランス85・8％、ドイツ81・8％、イギリス80・1％、スウェーデン74・1％、韓国73・5％と、日本は突出して低いのが現状です。さらに、4割近い若者が「自分の長所が見えない」（「そう思わない」と「どちらかといえばそう思わない」の合計）と回答しています。

さらに、同調査では、50％以上の子どもが「自分は役に立たないと強く感じる」と答えたことも明らかになりました。

加えて、日本では、若者の最大の死因が自殺です。これは世界でも類を見ないことです。2022年に自殺した児童・生徒は、小学生が17人、中学生が143人、高校生が354人で合わせて514人にのぼりました。1980年に調査を開始して以降、初めて500人を超え、過去最多となったのです。なお、日本の自殺率は主要7か国（G7）の中で最も高い状況にあります。

ここ10年ほどで、自己肯定感や自己効力感という言葉は多くの人に認知されるようになり、「自己肯定感を大切に子どもを育てたい」と考える保護者も増えてきた印象を持って

日本の若者は自己肯定感が低い

自分自身に満足している

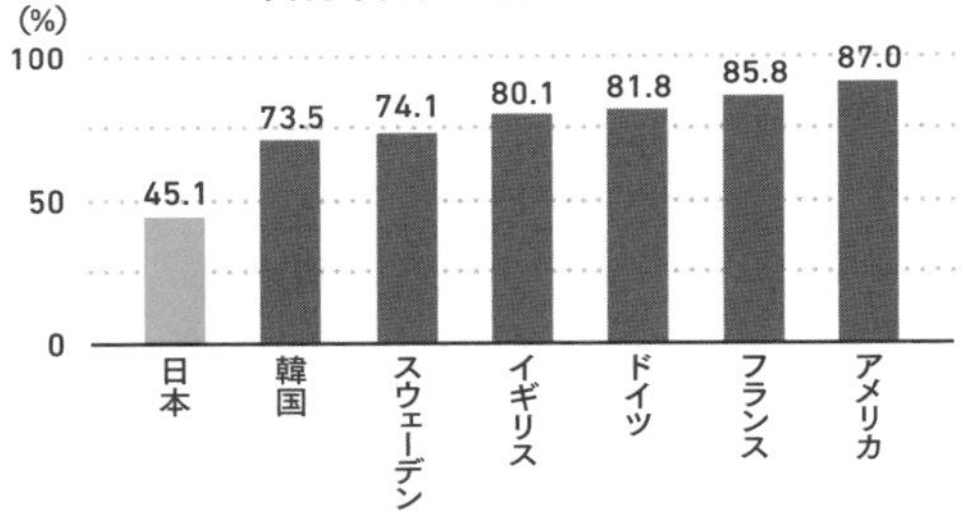

自分には長所がある

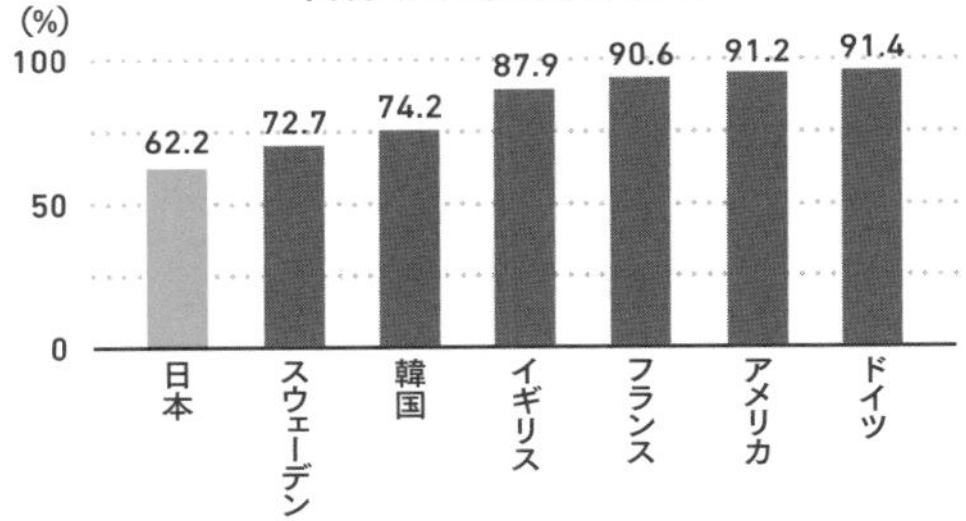

うまくいくかわからないことにも意欲的に取り組む

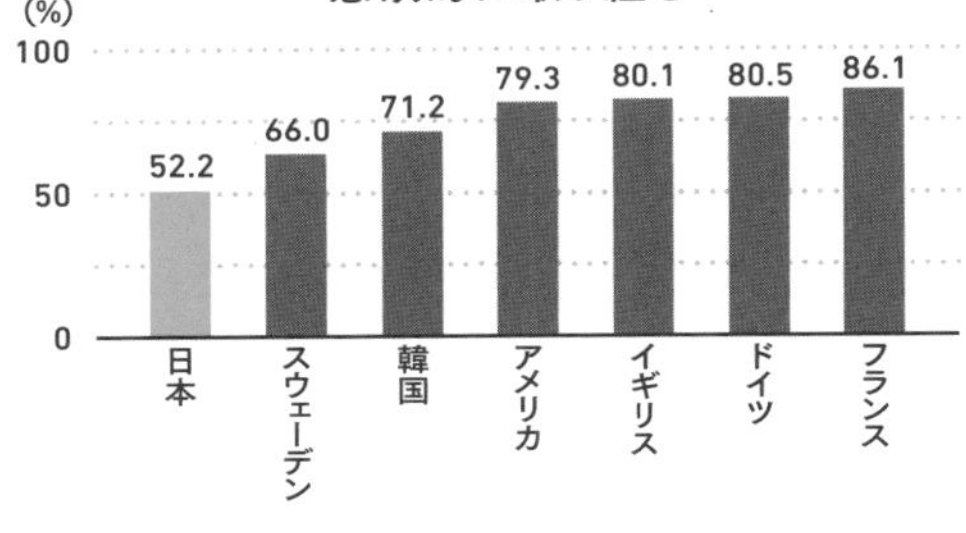

出典：内閣府「子供・若者白書」 上、中央は令和元年、下は平成26年版

います。子どもを取り巻く環境がすぐに改善されるわけではありませんが、子どもの内面に注目が集まるようになったのは、私は前進だと感じています。

アメリカのサンディエゴでも、若者の自殺は深刻な社会問題となっています。この問題に対処するため、サンディエゴでは若者のメンタルヘルスを支える手段としてSELを採用し、子どもたちが直面する精神的な問題を解決する助けとなっています。このように、SELには心のサポートも期待できるのです。

この動きは、アメリカをはじめとする世界各国で広がりを見せています。SELの研究と実践は1990年代にアメリカではじまり、2015年にはシカゴのすべての学校で導入されました。シンガポールでは2010年に全校での教育に必須とされ、メキシコも同様の取り組みをしています。さらにアメリカのスタンフォード大学が開校したオンラインハイスクールなどでも実施されています。

このようにSELは現在、世界各国で注目を浴びているアプローチです。本書で紹介す

る方法を家庭でも実践することで、子どもたちの成長を支え、子どもたちのが持つ可能性を最大限に引き出すサポートができます。さらに、子ども自身も親も互いの感情を理解しやすくなり、親子の会話が増えて、より良い信頼関係が築けます。もし親子関係をより良いものにしたいと考えているなら、ぜひはじめてみてください。

▼自己肯定感や心のサポートのために、SELは世界で注目されている

コロナ禍で成長の機会を奪われた子どもたち

近年では不登校の増加が顕著になっています。２０２２年度の小中学校における不登校者数は、過去最多を記録し、30万人に迫る勢いです。これは、コロナ禍前の２０１９年度と比較して、何とほぼ2倍にも増加しています。(32ページ図参照)

また、小学校段階におけるいじめの認知件数も増加しています。「児童等の生命、心身又は財産に重大な被害が生じた疑いがあると認めるとき」と規定される、いわゆる「重大事態」と呼ばれるようないじめの件数も増えているのです。

私はコロナ禍で大切な成長の時間を過ごした子どもたちのことが、大変気がかりでなりません。コロナ禍では、人と関わり合う時間や機会が大幅に減少しました。これは他者との間で影響を受け合いながら自分の特性や価値観に気づく機会が減少し、アイデンティティの模索ができないケースが増えたことを意味します。思春期は「自分のいいところに気づく」「自分の存在を確立する」「他者と比較して落ち込む経験をする」「自分を尊重しながら他者との付き合い方を学ぶ」など、重要な時期です。コロナ禍では、人間関係の中で、このように自分の存在を磨き上げる機会が減ってしまいました。

結果、「自分はどんな人なんだろう」「自分は生きている価値があるのか」といった漠然とした問いを、ひとりでうつうつと考える子が増えました。また、そもそも他者と触れる機会が少なく、「どのように相手に伝えるか」「他者の言動をどう理解し歩み寄るのか」など、他者との関係の築き方であるソーシャルスキルを磨く機会も激減しました。そのため、困難を抱える状況でも、「助けて」を誰にどのように言っていいのかわからないのです。

その心の不安定さから、自分も周囲も何が問題なのかよくわからないままに、学校に行

不登校の小中学生は29万人超で過去最多に

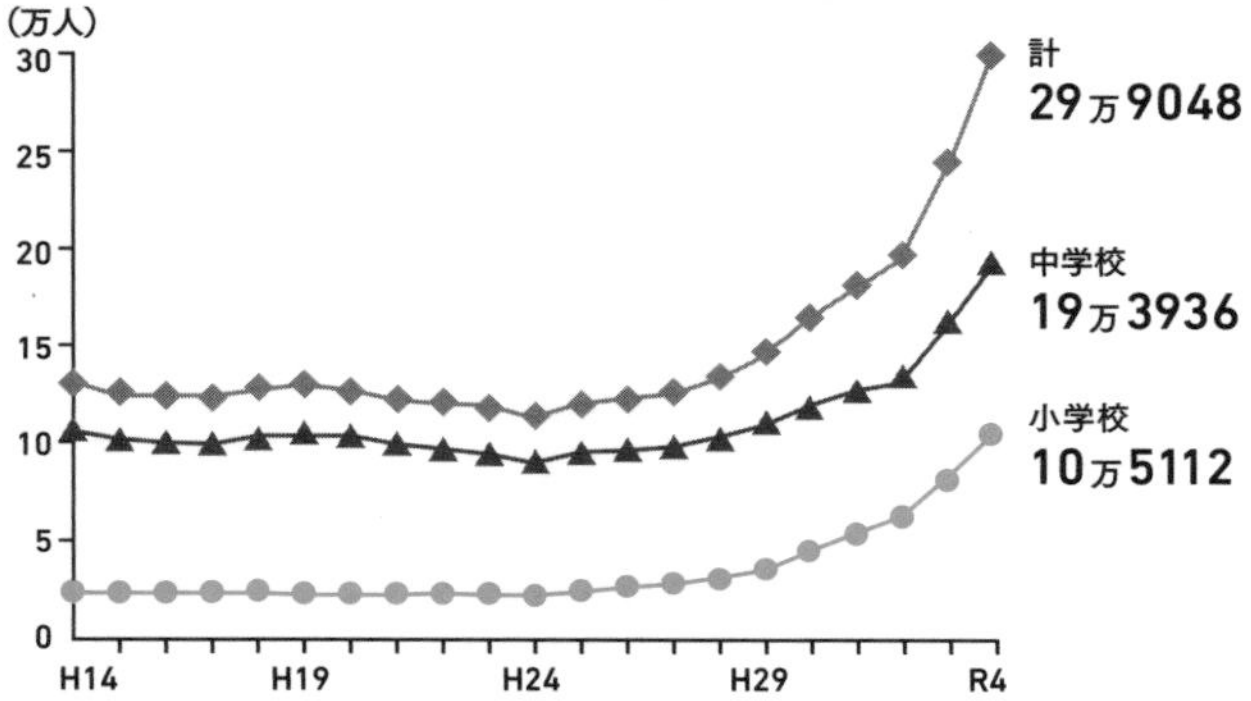

出典：「令和3年度児童生徒の問題行動・不登校等生徒指導上の諸課題に関する調査結果」（文科省）

全国のいじめ件数が68万件超で過去最多に

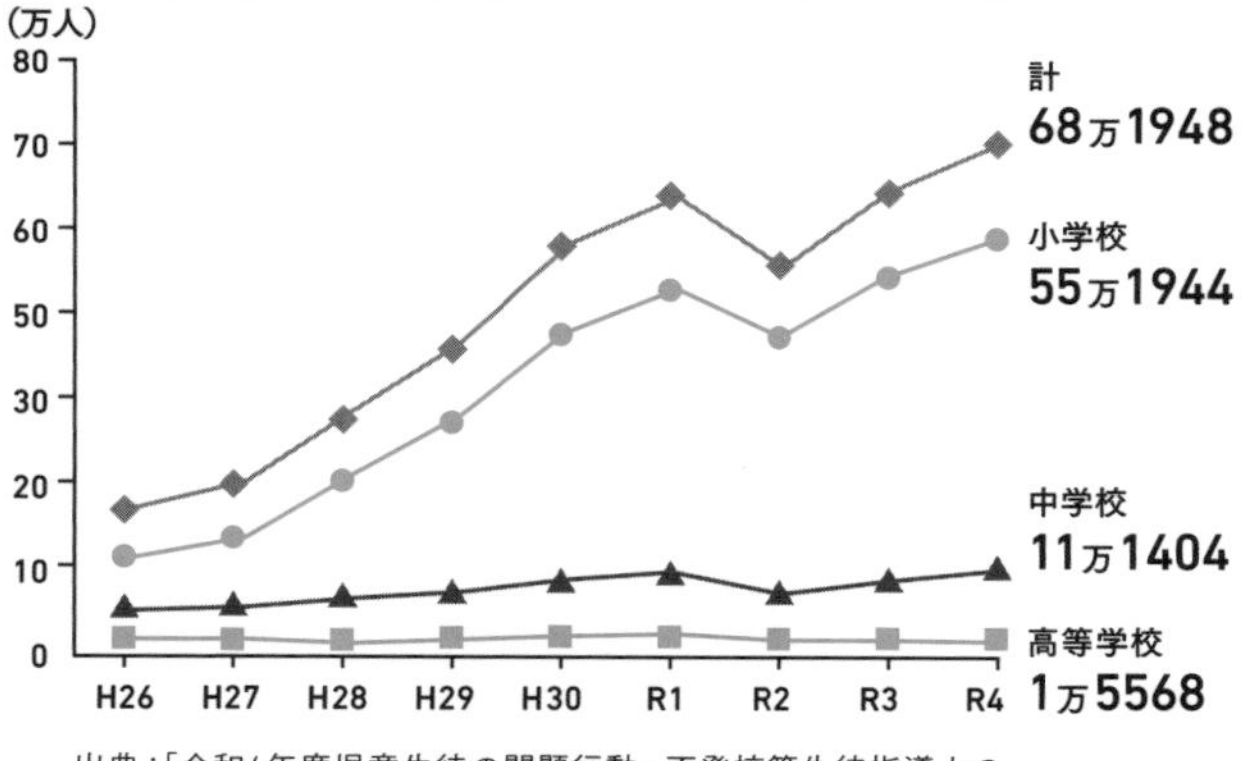

出典：「令和4年度児童生徒の問題行動・不登校等生徒指導上の諸課題に関する調査結果の概要」（文科省）

けなくなったり人と話せなくなったりする子が増加したのです。

学校現場では、「予兆や相談なく、意外な子が学校に来られなくなってしまう」と先生方の悲鳴を耳にします。行動制限がなされたコロナ禍は3年あまりでしたが、子どもにとっての3年間は、大人の10年間ぐらいの感覚ではないでしょうか。

私も、どのようにすれば子どもたちが他者とのコミュニケーションに慣れ、アイデンティティを確立していけるか、現在学校とともにチャレンジを続けています。

このような状況を解決するために、私はSELが重要なカギになると考えています。SELを通じて、子どもたちが自分の状態に気づき、何かの形で伝えて心のサポートを得ることで、現状を変えていけると信じています。

▼子どもを取り巻く心理的な課題に
SELのアプローチは効果的

未来の変化に対応する力を育む

変化の激しい時代には、決まった答えを求める学びだけでは不十分です。子どもたちには「もっとこうあったらいいな」という状況に気づき、自分が生きたい世界をつくることに自ら参画する力が必要です。この能力を養うには、ただの知識だけでなく、気持ちに関わる能力や社会的スキルといった非認知能力も育んでいく必要があります。

認知能力とは、計算力や読解力など、偏差値型のペーパーテストで数値化しやすいものです。これに対して、非認知能力は自己管理、忍耐力、協調性など測定が難しい能力です。

世界的に統一された定義はありませんが、シカゴ大学の2012年の調査では次の5つに分類されています（＊1　出典は207ページ参照）。

- **学業への態度：出席や時間管理、目標達成に向けた努力など**
- **忍耐力：やり抜く力、自己管理や自己制御**
- **学びのマインドセット：成長マインドセット、取り組みへの価値・意義の見いだし方**
- **学びの戦略：目標設定と自立した学びの進め方**
- **ソーシャルスキル：関係性構築力、共感する力、協働する力**

私が拠点を置く沖縄には、「肝心（ちむぐくる）」という言葉があります。これは「心からの思いやり」という意味で、古くから沖縄の人々が大切にしてきた概念です。社会が豊かで平和であるための基盤となっていて、非認知能力の重要性を象徴しています。

現在の学校の評価方法はしばしば認知能力だけに注目しがちです。しかし、偏差値など一元化された指標に頼り切っていると、他者と比較して自分の不完全さばかりに目がいき、すでに持っている可能性や能力に意識が向かない危険性があります。これは自己肯定感の低下などを引き起こす可能性があります。

自己肯定感の低さや自殺率の上昇、不登校の増加は、子どもたちが「社会に対する違和感」を覚えていることのひとつの表れです。これらは個人的な問題ではなく、社会システムに生じた現象であり、われわれにシステムのアップデートを求める警鐘を鳴らしています。子どもたちが示すこれらの違和感を真剣に受け止めることこそが、システムを変えるためのカギになると感じています。

さらに、非認知能力と認知能力は互いに補完しあうものです。非認知能力が向上すると、認知能力も自然と高まります。どちらか一方を選ぶものではありません。バランスよく育んでいきましょう。

非認知能力は、日本の学校教育で育まれてこなかったわけではありません。特に小学校では、「友達の話を聞けるか」や「自分の行動を振り返り、行動変容できるか」などを教師が目標を立て、支援しながら育んできました。中学校・高校においても、特別活動や部活動での対話や協働的な学びは、非認知能力の育成につながる体験です。しかし、いわゆる教科指導のように体系化されてはきませんでした。**SELは、「まったく新しいことをはじめる」のではなく、これまでインフォーマルに行われてきた学びを体系的に教えるための取り組みなのです。**新しい取り組みと聞くと身構えてしまうかもしれませんが、SELはすでに私たちの周囲にある自然なものです。ぜひ、特別なものととらえることなく、ご家庭や日常生活で気軽にはじめてみてください。

認知能力と非認知能力は補完しあうもの。バランス良く伸ばしていきましょう

SELで学力も上がる

「認知能力と非認知能力は相反するものではなく、相乗効果のあるもの」と、先述しました。2011年にSELプログラムを受けたことのある213校の幼稚園児から高校生までを対象とした調査では、**SELプログラムを受けることで偏差値帯が11%向上したと報告がなされています。さらに、他者を助けようとしたり困っている人を気遣ったりする向社会行動が9%増加し、問題行動が9%減少、心理的ストレスが10%減少したことがわかりました**（＊2 出典は207ページ参照）。なお、対象者がSELプログラムを受けていた期間は、1年未満が77%、1〜2年が11%、2年以上が12%です。このくらいの期間で、ここまでの大きなインパクトが出ているのです。

そして、2021年、オーストラリアのシドニーにあるニューサウスウェールズ大学の研究（＊3 出典は207ページ参照）では、**大人の社会スキルと情動スキルが高まると、子どもへの良質な関わりが増加し、その結果、学力が向上するという報告がなされています。**大人が内面に目を向けていくと自身のウェルビーイングが高まり、子どもにも変化が起きることが明らかになったのです。しかも、学力が向上するということは、論理的思考や計算能力など認知能力にまで影響があることを示しています。非常に興味深いですよね。

POINT

▼ SELのアプローチにより、結果的に学力も高まる

自己を理解する力は社会への興味につながる

２０１９年には、ＳＥＬにアップデートをもたらす「ＳＥＥ－Learning（Social Emotional and Ethical Learning）」という新たなプログラムが、米国エモリー大学とダライ・ラマ トラスト財団の共同研究・開発によって生まれました。このプログラムは、「ＳＥＬ２・０」とも呼ばれています。

このプログラムでは、従来の「自分」と「他者」という領域に加え、新たに「社会システム」が取り入れられました。

「自分の内面に気づく力」が高まることで、「社会の現象や課題がどのようなメカニズムで生まれているかを理解する力」が向上するとされています。自分、他者への理解が、社会への理解につながる背景には「システム」の概念があります。

自分の内面で気持ちが生まれるとき、さまざまな要素が相互に作用しあいます。この相互作用し合う要素の集合体のことを「システム」と呼びます。

他者との関係性も同様です。例えば、Aさんのひと言でBさんが怒ったとします。一見すると、Aさんの一言が原因に思えますが、そのひと言に至るまでにAさんにはさまざまな気持ちがあり、BさんもAさんとの関係の中で多様な思いを抱えています。

このように、他者との関係性を理解するときも、「システム」としてとらえることで、問題や出来事を構造的に把握できます。

システムをとらえる力が高まると、社会の中で起きている課題の構造を把握する力が養われます。

43ページの図で説明します。

SELは「自分」「他者」「社会システム」を対象に、「気づく」「コンパッション」「エンゲージメント」の能力を発揮します。

例えば、左端の縦の列では、「気づく」対象が、「自分」なのか、「他者」なのか、「社会システム」なのかを見ます。「自分」に「気づく」力が高まれば、「自己認知力」が上がるという見方をします。

さらに、「気づく」力が高まると、「他者」や「社会システム」に対して気づく能力も高まります。つまり、まずは「自分」の内面や「自分」と「他者」のシステムに気づくことからはじめ、「社会システム」への理解へと広げていくことが重要です。

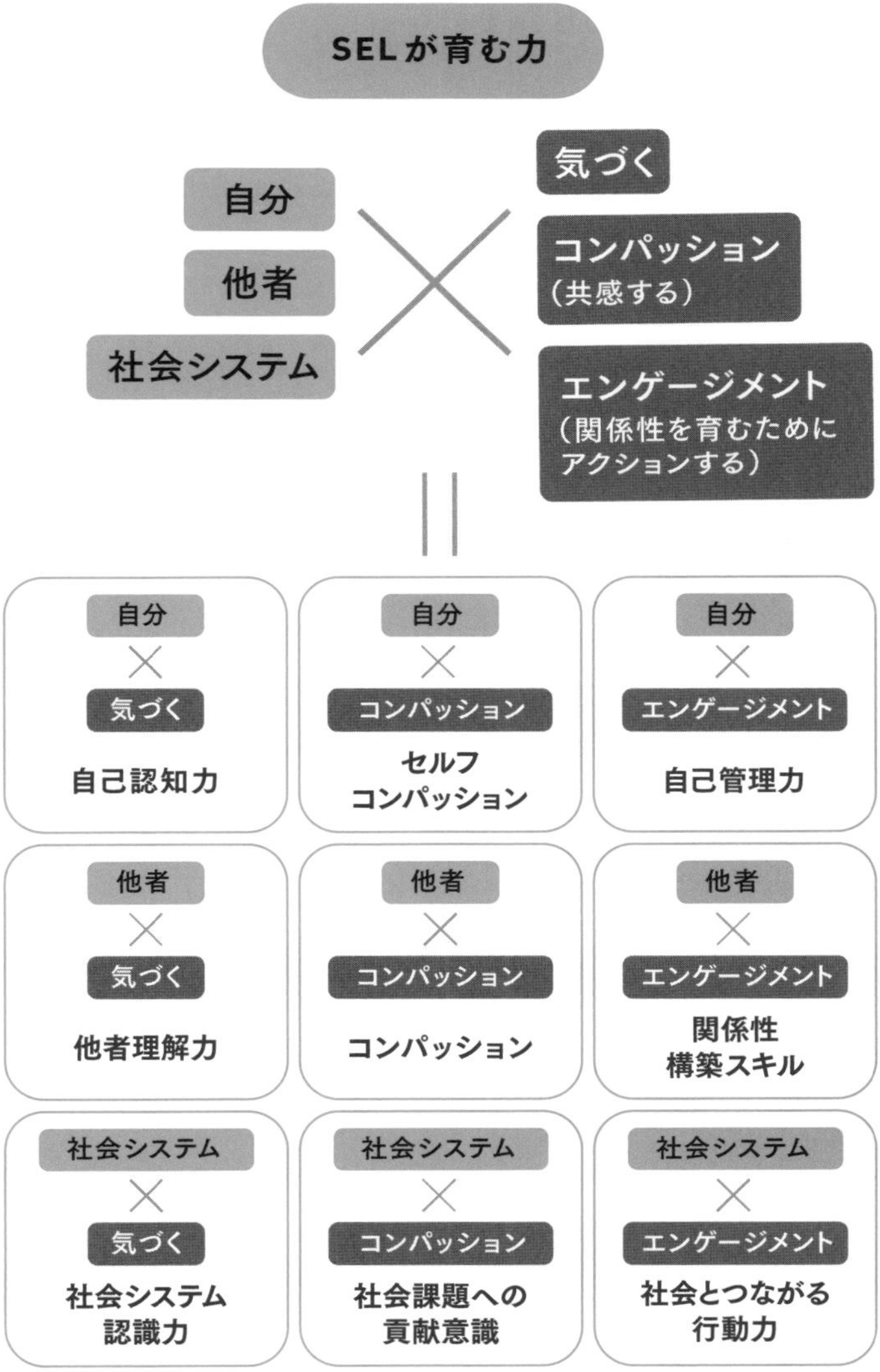
SELが育む力
自分
他者
社会システム
気づく
コンパッション
(共感する)
エンゲージメント
(関係性を育むために
アクションする)
自分
気づく
自己認知力
自分
コンパッション
セルフ
コンパッション
自分
エンゲージメント
自己管理力
他者
気づく
他者理解力
他者
コンパッション
コンパッション
他者
エンゲージメント
関係性
構築スキル
社会システム
気づく
社会システム
認識力
社会システム
コンパッション
社会課題への
貢献意識
社会システム
エンゲージメント
社会とつながる
行動力

このプロセスの具体例として、私が関わった小学校のエピソードをご紹介します。

高学年のある児童が登校を渋っていました。親御さんは「行きたくないならほかの学校に変えましょう」と言いました。あまりの決断の速さに驚いたのですが、今思うとお母さんには「通学に時間がかかるため、子どもにとって大きな負担になっているのでは」という罪悪感があったのではないかと思います。

実はその子は2週間ほど前に学校で嘘をつき、先生に注意され友達にも指摘されていました。「バツが悪い」「気まずい」というのが登校を渋っていた理由でしたが、お母さんには本当の理由を言えていませんでした。

本人に話を聞くと、先生にとがめられた理由を理解していると言いましたが、「これからどうしたい？」と尋ねても答えが出ません。そこで、「悲しい」「うれしい」といった感情が1枚にひとつ書かれたカードを並べて、今の気持ちを選んでもらいました。選んだのは「混乱している」というカード。「一緒に考えてみる？」と尋ねると、「一緒に考えたい」と言ってくれました。

対話を続ける中で、「お母さんに本当のことを話したい」という思いを自分で見つけました。内面を見つめることで、「今の学校で頑張りたい」というニーズを発見したのです。勇気を出してお母さんに話すと、お母さんも自分の内面に目を向け、「学校を選択する自由を子どもから奪い、自分の考えを押しつけているのでは」という不安を感じていたことに気づきました。

この経験を通じ、親子関係も素直なコミュニケーションが増えて、お互いの信頼が高まったと感じています。

その後、その子は自分のことを理解する重要性を体現し、相手のニーズも汲み取って周りに提案できるようになり、リーダーシップを発揮するようになりました。自分の内面に気づいたことで相互の思いを理解して、さらに周囲に関心を寄せられるようになったのです。

私たち大人は内省する機会を与えただけです。あとは子どもに委ね、見守りました。自分で行動や意思決定をしなければ、自分自身の道を切りひらくことはできません。芽を無理に引っ張って伸ばそうとすれば、すぐに枯れてしまいます。私たちにできることは、芽が出て葉を広げ花を咲かせやすいように、土壌を耕し続けることなのです。

POINT

▼自分と他者の関係を理解すると、社会の構造もよくわかるようになる

Chapter

2

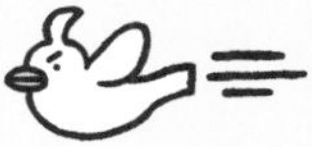

親子ではじめる SEL

“本書が目指すのは、自分の生きたい世界を自らつくっていける「切りひらく力」のある子を育むことです。2章では、そのためにまず親が実践できることをまとめます。3章や4章の内容を実践する際も、本章の内容を下地にしていただきたいと思います。これらをベースに子どもと接すると、日々のちょっとしたやりとりに変化が現れます。”

SELは何歳からでもはじめられる

SELはいつからスタートしても遅すぎることはありません。あなたのお子さんが、3歳でも、10歳でも、16歳でも、成人していても、今からはじめればよいのです。また、大人も社会性と感情スキルを高められます。実際に組織の関係性づくりや心理的安全性を育む目的で企業研修などに導入される例も増えています。

まずはお父さんお母さんから体現しはじめてみてほしいのです。SELでは、「気持ちの揺れ動きを自覚する」ことが重要です。この能力があると、子どもの複雑な感情や矛盾を含んだ気持ちを理解しやすくなり、子どもが内省を深める際のサポートを効果的に行うことができます。大人がこの技術を身につけることで、子どもの感情的な成長をより適切に支えられるようになるのです。

SELは必ずしも即効性があるわけではありません。4章では多くのワークを紹介していますが、大切なのはスタートを切ることと、習慣化することです。翌日に芽が出る子もいれば、少しずつ変容し、1年後に振り返ると大きく変わっているという子もいます。

子どもの、そして自分自身の可能性を信じ、磨いていきましょう。

SELは幼少期から大人まで、誰もが今日からはじめられる

何より大切なのは「ノンジャッジメンタル」

私は、SELで一番大事なことは、「ノンジャッジメンタル」だと考えています。ノンジャッジメンタルとは、判断せずにありのままに受け止める態度です。私たちはどんなときでも何かを感じて生きています。自分の中で起きている感情や気持ちの動きは、生理的反応であり、そこに良いも悪いもありません。

一般的に、「悲しみ」や「苦しみ」はネガティブで、「うれしさ」や「楽しさ」はポジティブな感情ととらえられがちです。そのため、ネガティブな感情には蓋をしなければいけないと感じている大人も少なくないように思います。しかし、本来、感情にネガティブもポジティブもありません。

この理解を深めるために、「カウントアップ・カウントダウン」という簡単なワークがあります。「0から10を数えて、何に気づいたかを話す」というものです。数えているときに思い浮かぶ考えや感情に注目します。

その後、「数字を数えているときに何を考えましたか」と尋ねると、多くの人は無意識に「数に関すること以外は言ってはいけない」と自分に言い聞かせてしまうのですが、それがすでにジャッジが働いているということなのです。否定も肯定もせずに、自分の感情・気持ちを受け入れるのがノンジャッジメンタルです。

また、このノンジャッジメンタルな姿勢は子どもの話を聞く際にも非常に重要です。例えば、「子どもがクラスの友達に暴力を振るってしまった。でも、理由は話してくれない」といったことがあるとします。この場合、「自分が悪かった」と自覚していても、「理由を話したところで否定される」と思い込み、大人には話さないケースはとても多いです。

行動には背景となる要素が必ずあります。それをフラットに、「どんなことを感じたの？」「そうなんだ、そこが許せなかったんだね」と話を聞いていく。こちらがノンジャッジメンタルに話を聞いていれば、背景を伝えてくれ、「暴力を振るう以外の方法で解決したかった」といった発言も出てくるかもしれません。すると、一緒に解決の糸口も見いだしやすくなります。**「この人なら自分の背景や思いを聞いてくれる」という信頼を築くには、時間を重ねることが欠かせません。**誰とでも信頼関係を築いていくには積み重ねが重要ですが、それは親子においても同じです。

小さな出来事の背景や当事者の感情を聞き続けることで、何か大きなトラブルがあったときにも話してくれる関係性を築くことができます。

逆に「あなたが悪いんだから、さっさと謝りなさい」「そんな態度では将来困るわよ！」といった評価にまみれた声かけをしていれば、子どもたちは伝えることを諦めてしまいます。良好な親子関係ができているかどうかで、言葉の通じ方は変わります。例えば、「大丈夫？」という同じ言葉かけであっても、プラスに受け止められることもあれば、マイナスに作用することもあります。

保護者の方々が忙しいことは十分に承知していますが、どうか日々子どもと何気ない会話を楽しみ、気持ちを伝え合う習慣をつけていってほしいと思います。

POINT

▼ノンジャッジメンタルで子どもの話を聞く姿勢が、親子関係を良好にする

「自分」に気づくことからはじめる

SELにおいて、気持ちに「気づく」ことは出発点ともいえるとても重要な要素です。自分自身が今どんなことを感じ、考えているか。常に気持ちは揺れ動いているものですが、それを認知することがSELを実践する上で要になります。

その際に重要なのが前ページでご説明した「ノンジャッジメンタル」です。これは感情をありのままに受け入れることを意味します。例えば、旅行に行く予定があったときに、「そのために仕事の休みを調整したし」「1か月前から宿や交通機関を予約したし」「ずっと前から行きたかった場所だし」といった思考が挟まれると、「実は気が乗らなくなっている」という自身の感情に気づきづらくなります。「準備をしてきたのに、気が進まないと感じているのはよくない」と自分の感情に対して善しあしを判断していると、「本当の自分の気持ち」や「その気持ちの背景にある価値観」などが見えなくなってしまうのです。「思い込み」や「常識」「こうすべきだ」という固定概念が、ノンジャッジメンタルを阻むことはよくあります。

感情は人間の自然な「反応」であり、意識でコントロールできるものではなく、自然に湧き上がってくるものです。湧いてきた感情はすべて自分自身の内面をひも解く大切なもの。その感情を丁寧に観察して、自分自身の内側を発見することがSELの核心なのです。

このようなアプローチにより、次第に相手がどういう状態なのか、自分と他者の関係性の中で何が起きているかについても深い洞察ができるようになります。さらに、コミュニティや社会全体で何が起きているのか、その中で自分はどのように関わっているのかを理解する能力も育っていきます。

また、自分に気づくことで、起きていることに対して行動できるようにもなります。例えば、自分が不安に思っていることに気づけば、不安を和らげるために温かい飲み物を飲んだり、好きな音楽を聴いたりと対処できます。自分の感情を認識することで、それとうまく付き合えるような行動や意思決定ができるようになるのです。

親子でSELを実践する際には、まず親が自身の気持ちに「気づく」ことが出発点となります。人間関係はすべて相互に作用しながら成り立っています。他者を変えたり、管理することはできません。まずできるのは、「自分自身へのアプローチ」なのです。

親が自分の感情に気づくことで、子どもがどんな感情を抱えているのかをより良く理解し、適切な対応をともに考えることができます。これには、声をかける直接的な支援だけでなく、環境を整えることも含まれます。「本当に役立っているのかな？」と効果を実感しにくいこともあるでしょう。しかし、成長のための支援は単純ではありません。そこを念頭に取り組んでいく必要があります。地道な積み重ねが必要です。

これらは子どもがトラブルを抱えたときだけ行えばいいものではありません。SELは対症療法ではなく、文化・風土となることでじわじわと効果を発揮します。だからこそ、日常の中に少しずつ、多面的に取り入れていただきたいのです。

自分の感情に気づくとより良い意思決定ができる

感情の大元に目を向ける

自分や他者の気持ちに気づくには、「感情の大元にはニーズがある」と理解するのが重要です。ニーズとは、「○○したい」「○○されたい」といった願望や大切にしたいことを指します。ニーズは常に潜在的に存在していて、非常にとらえづらいものです。しかし、自身に湧き起こる感情を理解するためには、ニーズへ目を向けることは欠かせません。

自分のニーズが満たされていると「うれしい」「感謝する」「安心した」などの感情が湧き、満たされていないと「悲しい」「悔しい」「怒り」といった感情が生まれます。

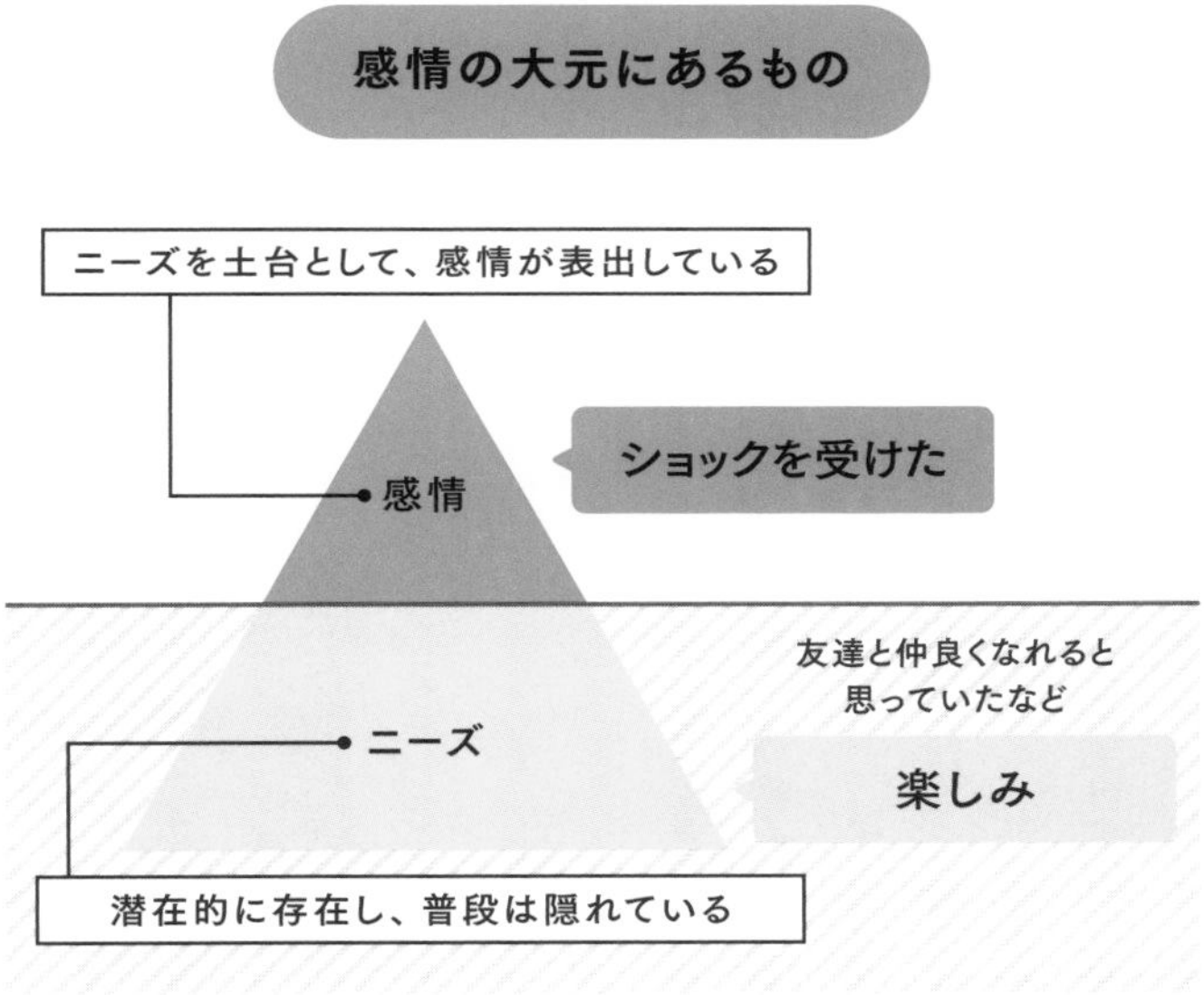
感情の大元にあるもの
ニーズを土台として、感情が表出している
感情
ショックを受けた
友達と仲良くなれると
思っていたなど
ニーズ
楽しみ
潜在的に存在し、普段は隠れている

例えば、遠足に行けなかったときに「ショックを受けた」と感じた場合、背景には友達と仲良くなれると思っていたなどの「楽しみ」というニーズがあるのです。図のように、表出する感情のもとには必ずニーズがあると考えてください。

POINT

ニーズに目を向けると、気持ちを理解しやすい

子どもの言動には理由が複数ある

子どもと接する際に、「見立てを考える」ということが非常に重要です。見立てを考えるとは、子どもの状態を理解し、言動の背景や理由について仮説を立てることです。例えば、子どもが「学校に行きたくない」と行き渋りをしたとき、状況をしっかりと観察し、話を聞いてその理由を予想します。

このとき、前のページで紹介したように、感情の大元にあるニーズに目を向けることが大切です。感情の背後には「〇〇したい」「〇〇されたい」といったニーズがあり、それを理解することで子どもの本当の気持ちを見つけることができます。

「わがまま言わずに、行きなさい」「ズル休みしないの！」という表面的なやり取りだけでは解決にはつながりません。それどころか、子どもが「何を言っても無駄だ」と保護者に対して、心を閉ざしてしまうかもしれません。子どもに何が起きているのかを理解するために、それをもとに対話するプロセスは欠かせないのです。

ただし、自分一人で見立てを検討し、判断をし、責任を取ることは、精神的な負荷が大きいものです。学校の先生方も子どもたちに対して、常に見立てをもって臨んでいますが、プロである先生ですら見立てを持つことは簡単なことではないのです。

「見立てる」ということをひとりで閉じて行う必要はありません。子どもに何が起きているのかをお父さんお母さんで話し合ったり、学校の先生と話をしたり、仲の良い友達や地域の保健センターなどの子育て支援の方に相談したりする方法もあります。

見立てを行う際のポイントは次のとおりです。

- **本人の発言だけを鵜呑みにせず、なぜその発言に至ったのか理由・背景を把握する**
- **ヒアリング（話を聞く）は丁寧に行う**
- **「こうかもしれない」と思う見立ては、子どもに率直に聞いてみる**

また、子どもに話を聞くと、「学校に行きたくない」という理由について、「昨日、Aさんにこんなことを言われたから」と話し出すこともあります。それが原因のこともありますが、理由が複雑に絡み合っているケースも多いです。具体的な原因が挙げられたとしても、「実はAさんとの関係が少しずつ変化していた」「クラスの雰囲気全体に違和感を覚えるようになっていた」など複数の理由が存在することもあります。原因がひとつではない可能性もあると心に留めておいてください。

また、特に子どもは感情をうまく表現できないことが多く、言葉に限界があります。「学校に行きたくない」という背景には、緊張や不安が隠れているかもしれません。

ここで大切なのは、子どもが言葉で表現していることがすべてではないということです。

感情を表現する語彙が少ないと、どう表現していいかわからず「いやだ」や「キモい」といった言葉に集約されることがあります。

「どうして行きたくないの？」と尋ねても、子どもがうまく表現できないことがあります。そのため、イラストや絵を使って感情を表現してもらう方法も有効です。

- ▼「見立て」とは、子どもの言動の理由について仮説を立てること
- ▼迷った際にはひとりではなく、関係者と一緒に見立てるようにする

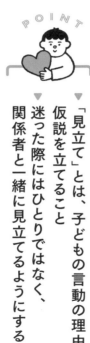

子どもには〝Ｉメッセージ〟で伝える

子どもとコミュニケーションを取る際に大切にしてほしいのが、〝Ｉメッセージ〟で伝えることです。「いいから、〇〇しなさい」や「みんな我慢しているんだから、きちんとやりなさい」ではなく、保護者自身の理解と意見を「私（Ｉ）は～」と主語をつけて伝えます。例えば、子どもに「学校に行きたくない」と言われたら、「なぜ行きたくないのか、私はその理由を知りたいな」と伝えます。このように、「私」を主語にしたメッセージを伝えてみてください。

子どもが「行きたくない」と言っていたとしても、自分は「行ったほうがいい」と思うケースもありますよね。子どものいうことすべてに同意しなければいけないということではないので、「私は行ったほうがいいと思っている。なぜならば～」と感じていることを伝えてもいいと思います。大事なのはここでも〝Iメッセージ〟で伝えることです。**〝Iメッセージ〟にすることで、子どもが親の言葉を一意見として参考にしながら、自分で判断できる余地を残しておくことが大切なのです。**

一方で、「みんな行っているから行きなさい」といった表現では、子どもが自分のことをないがしろにされていると感じてもおかしくありません。

〝Iメッセージ〟で伝えることによって、「親も人、子どもも人」という自立と尊重がある関係性になっていくこともできるのです。

▼〝Iメッセージ〟で伝えると、親子が互いに尊重しあう関係を築ける

親と子どもの意志は別のものと認識する

親が子どもに対して抱く「○○してほしい」という意志・気持ちと、子どもの意志とは別物であることを認識しておきましょう。そもそも、親と子は別の「個」を持った存在です。

お母さんは自分の中で10か月も子どもを育てます。さらに、生まれたての赤ん坊が生きていくためには、大人の手が欠かせません。また、保護者として責任を取ることを求められることもあります。そのため、親は子どもと自身を分離して考えることが難しいと感じることもあるでしょう。実際、私も娘を産み育てる中で、その難しさを実感しています。

子どもへの評価が自分への評価だととらえてしまうこともあります。親の評価と子どもの評価を分けて考えなければ、子どもを所有物のように認識してしまう危険性があります。

親が子どもに期待したり、「何でできないの」と思ってしまう気持ちが湧くのは自然なことです。その気持ちを否定する必要はありません。「私はこんなふうに子どもに対して期待しているんだな」とありのままとらえればいいのです。**子どもは必ずしも期待どおりには動かないものです。保護者としては「自分にはこういう期待があった」と認めつつ、「子どもには子どもの意志がある」と肝に銘じましょう。**

▼親と子は別の存在。自分と異なる思考や意志を持っていると肝に銘じる

「コンパッション」を持てば自分の行動が変わる

ＳＥＬに取り組む際に重要なことをお伝えしてきましたが、これらは家族だからこそ、難しさがあることも理解しておく必要があります。長く一緒にいる存在だからこそ、家族に対してモヤモヤを抱いたとしても自身の気持ちに蓋をしたり、身近な存在だからこそ「あの人はこういう考えだから」と決めつけてしまったりします。過去の経験や記憶に大きくとらわれてしまい、目の前の家族をありのままに見られないということが往々にして起こり得るのです。正直にお話しすると、私自身もパートナーや子どもに向けたＳＥＬアプローチのハードルの高さに悪戦苦闘することもあります。

自分の気持ちを伝えることや相手の気持ちを聞くということは、他人よりも家族のほうが強い恐れを感じやすいという特徴があります。その背景には、「こんなことを感じている自分に相手はマイナスの評価を下すだろうな」ということがありありと想像できるからだと思います。しかし、家族に対して小さな違和感やモヤモヤを抱えているとしたら、それは時間とともにどんどん複雑になり、思いもよらない形で表出し、どんどん手がつけづらくなっていきます。家族間の問題はなかなか自然には解消されないものだとみなさんも感じているのではないでしょうか。「家族だからこそ言えない」と蓋をしたとしても、感情は残ります。それが蓄積されると、より状況が悪化していく危険性が高いのです。

「どうか諦めないで」。私の最も伝えたいことはそれです。

行動変容の土台となるのは、「コンパッション（叡智《えいち》ある思いやり）」です。コンパッションとは、「相手の状況を客観的・冷静に理解すること」や「相手の気持ちに共感すること」、さらに「相手の幸せを願い、そのために手助けしたいという自然に湧き起こる思いやり」などを指します。また、「コンパッション」の向く先は自分の場合もあります。生まれながらにして持っているコンパッションに目を向けながら対話することで、家族間のコミュニケーションの壁を取り除き、互いの理解を深めることができます。もうどうにもできないと諦めていたことに、新たな視点から一歩踏み込む勇気が湧いてきます。

▼**家族だからこそ、感情に蓋をせず、コンパッションをもって接しましょう**

行動を変える3ステップ

この本を手に取ってくださったみなさんは、行動を変えるスタートを切ることができています。この先、まず取り組んでいただきたい3ステップをご紹介します。

1歩目は、客観的になり、自分自身の内面で起きていることや、知らず知らずのうちにジャッジしてしまっていることに〝気づく〟ことです。

これはノートに書き出してみるのがおすすめです。「私はこの子（またはパートナー）のことをこんなふうに思っているのか」「こんな期待をしていたけれど、それがかなわなかったからつらさを感じたのかもしれない」といった気づきがあるはずです。

ノートに書く以外にも、中立的に話を聞いてくれる人に、「私、こういうことにすごく腹が立ったんだよね」「本当はこうしてほしいと思っていたんだ」とシェアすることも有効です。相手は「あ、そうなんだね」と、ジャッジをせずに聞いてくれる人が望ましいです。

2歩目は、「子ども（パートナー）がどういうふうに自分のことを見ているか」「子ども（パートナー）がこの関係性をどうとらえているか」を客観的に考えてみましょう。つまり、周囲の人が自分に対してどのような偏見を持っているかを冷静に分析するのです。

そして3歩目は、その可視化した偏見を一度手放してみます。なぜならば、「どうせ私のことをこう思っているんでしょう」というフィルターを持った状態では、子ども（パートナー）と健全に向き合うことはできないからです。完全に手放すことは難しいものですが、一旦横に置いて、真っさらな気持ちで子ども（パートナー）と対話してみるのです。

家族の関係性をより良くしていくためには、自分からしか変われません。関係性は相手と自分で成り立っています。親子関係であれば、子どもと自分（親）で成立しています。**相手は簡単には変えられませんが、自分が何か少しでも変われば関係性は大きな影響を受けるのです。現在、課題を感じているご家庭も、直面している課題はないけれどより良い親子関係を築きたいと考えている方も、まずはあなたから踏み出してみてください。**

保護者はつい「子どもにこうなってほしい」「こんな力をつけてほしい」と願ってしまうものです。期待を持つのは当然ですが、他者を変えたり管理したりすることはできません。親子関係を良好にしたいと願うなら、まず親自身のアプローチが大切です。

このあとの3章～4章では親子で実践できるSELのアプローチを紹介しますが、「子どもだけが取り組む」「子どものために実践する」のではなく、ぜひ自分自身に目を向け、親子で取り組んでみてください。

SELに取り組むことで、「親としてこうあるべき」という鎧を脱ぎ、子どもと本質的な人間同士のコミュニケーションが取れるようになります。それは「あれもしなくては」「これもしなくては」という「負荷が増える教育」ではなく、ありたい自分、ありたい親子関係に、「素直に近づいていく学び」となるでしょう。

▼行動を変えるステップで
まずは自分に目を向けよう

Chapter
3

子どもの「苦手」別の処方箋

「挑戦しない」「決められない」「やるべきことをやらない」など、保護者の方からよくいただくお子さんの不安を5つに大別し、それぞれの対応策をお届けします。その場しのぎの対症療法ではなく、子どものニーズを「診て」、じわりと効く〝処方箋〟を届けることを心がけました。根本の改善に親子で一緒に取り組んでみてください。

3章では、子どもたちの状況に応じたアプローチをお届けします。ここで大切にしたのは、対症療法ではなく、根本的に子どもたちがどんなニーズを持っているかを「診て」、対応策をお届けすることです。対症療法はその場をしのぐことはできても、子どもの抱えている課題が見えないところに沈み込むだけで、解消したことにはなりません。

重要なのは信頼関係を築きながら、根本の改善に一緒に取り組むことです。その際には2章でお伝えしたポイントを大切にしてほしいのですが、特に重要なのは次の3つです。

- **起きている課題の要因を見立てること**
- **「ノンジャッジメンタル」に傾聴し、〝Iメッセージ〟で伝えること**
- **日々の関係性の構築を大切にすること**

また、それぞれの発達段階において、本能的に欲しているニーズがあります。このニーズを知っているかどうかで、子どもの言動や振る舞いへの理解度が大きく変わります。

157ページから紹介していますので、ぜひ参考にしてください。

それでは、保護者の方からよくいただく不安を5つに大別して、対応策をお伝えします。

苦手 1 挑戦しない

処方箋 1

「逃避＝悪」ではないと親が理解しておく

大前提として、生まれながらに物事に挑戦する意欲がない人はいません。子どもが立ち上がり、転んでまた立ち上がるその過程は挑戦そのものです。挑戦は人間の本能に刻まれている欲求といっても過言ではありません。

「挑戦したくない」「新しいことをしたくない」という選択は、「逃避」や「回避」といいます。これは失敗への恐れから生じる逃避行動のひとつです。言い換えれば、「挑戦したくない」は「挑戦することが怖い」という意味であることも多いのです。

わが子に対して「挑戦する気持ちが弱い」と感じるのはどんなときでしょうか。例えば、海外に興味があると言っていた子に「短期留学に行ってみたら」と背中を押したら、「まだ英語を話せないし、できるようになってから行く」と返されたとします。そうしたときには、挑戦しようとするとどんな気持ちになるのか聞くことが重要です。すると、「大きすぎる挑戦のように感じる」や「失敗するのが怖い」など、いろいろな気持ちがうずいていることを子ども自身が自覚するでしょうし、周囲もそれを認識することができます。

とはいえ、子どもが言葉で思いをすべて説明できるわけではないので、日頃のしぐさや言動にアンテナを立てて、点と点を線で結ぶように見立てることも大切です。

処方箋 2

どんなことであれば やってみたいか本人に聞く

「挑戦する経験が少ないと、安易な道に進むことに慣れてしまうのではないか」と、保護者としては不安に思うかもしれませんが、焦る必要はありません。人には、「挑戦したいこと」と「挑戦したくないこと」があります。例えば、私は学校現場への伴走支援や研究にはとことん挑戦したいですが、部屋の片づけはなるべくやりたくありません（笑）。したくないことに対しては、どんなに頑張ってもなかなかモチベーションが上がりませんし、そこに時間をかけることは本人にとっても有意義ではありません。こうした傾向は、人間であれば誰しもが持っているものなのです。ですから、「どんなことであればやってみたいか」を本人に聞くことが重要です。「留学は嫌だけれどマラソンには挑戦してみたい」「学校行事は好きではないけれど、地域のお祭りは参加したい」などそれぞれの思いがあります。

「言われたことはやるけれど、自分からはやらない」という主体性のなさについてご相談を受けることもあります。私の本音は、言われたことをやっているだけでもすごいなぁと思うのですが、こうした子どもたちは、そもそも自分から動く必要性を感じていないのではないでしょうか。挑戦したいことが人によって異なるように、主体的に動けることと、動けないことも人によって異なるからです。

明日の準備をすることや家事など、「やりたいわけではないけれど、やらなければ生活が成り立たないからやっている」ということもあるでしょう。「やりたくない」と感じていることに気がつくと、どういうふうに仕組み化したら心の負荷を軽減できるか優先順位づけができるようになります。仕組み化の工夫は親子で一緒に考えていけるとよいですね。

処方箋 3

大きな挑戦をスモールステップに変える

挑戦したいテーマが見えてきたら、小さな挑戦でいいので、自分なりの成功体験を積むことを大事にしてほしいと思います。例えば、子どもの話を聞いていくと、先ほどの留学への挑戦も、「1年間は無理だけれど2週間なら行ける」「友達となら行ける」などと話してくれます。誰でも過剰な挑戦には抵抗感を覚えるものです。「まずはこれからやってみよう」というスモールステップを示すことが、適切な「足場かけ」になります。挑戦するのは子ども自身ですが、足場かけを行って、挑戦できるような環境をつくれるのは大人です。

挑戦を具体化していくという足場かけも大切です。挑戦の内容が漠然としていると、不安を抱きやすいものだからです。例えば、「起き得るリスクを事前に一緒に予測しておくこと」で、心の準備ができる可能性も大いにあります。

また、子どもが「挑戦したい」と言い出したにもかかわらず、「やっぱり難しそう」と途中で逃避する場合もありますよね。こうしたときは、本人も自分にがっかりしていることが多いように思います。「挑戦する準備ができていなかった」、あるいは「発達段階的に挑戦する時期ではなかった」というだけの可能性もあります。そのため、少しだけ時間をおいて、子どものコンディションがよさそうなときに再度「やってみる？」と誘ってあげるのもよいでしょう。

処方箋 4

失敗から学び乗り越える

子どもの過去の失敗が現在の逃避の原因になっていると感じたら、一緒にその経験を再定義していくことも有効です。

例えば、「あのときやってみたいと思って手を挙げたけれど、結局失敗しちゃったから次はやりたくない」といった子どもの思いが見えてきたとします。それに対して、ノンジャッジメントで傾聴したあと、「そのときの経験をこんなふうにもとらえ直すこともできるんじゃないか？」と過去の経験の再定義を一緒に話し合うのです。

ここで保護者がやってしまいがちなのが、再定義ではなく、リベンジをさせて失敗を乗り越えさせようとすることです。例えば、中学受験で志望校に入れなかったことに対して、「高校でリベンジしよう！」という声かけは、子ども本人がそれを目標にしているならば問題はないですが、そうでなければうまくいかなかった経験を乗り越えるアプローチにはつながりません。

中学受験の例でいえば、「勉強する中で意外な得意ジャンルが見えたよね」「一緒に頑張る友達ができたね」など経験の価値づけをして、振り返っていくことが、失敗から学び乗り越えるポイントです。

処方箋 5
試行錯誤を見守る親の余白も大事

子どもが挑戦しない姿を見たり、挑戦を翻したりする様子を目の当たりにすると、「もっと頑張ってほしい」と思ってしまうこともあるでしょう。保護者にとって子どもへの期待はとても大きなものです。だからこそ落胆もしやすいですよね。こうした子どもの姿を受け止めるために重要なことは、親の精神的、あるいは時間的な「余白」です。それを日頃どれだけ持てているのかで、子どもを見守る姿勢が変わっていきます。

苦手 2

自分で決められない

処方箋 1

「なんでもいい」の背景を考えてみる

子どもが自分で選択せず、何を聞いても「なんでもいい」と答えることがあります。親としては、イライラしたり「こんなに自分で決められなくて大丈夫かしら？」と不安になるものですよね。

ここで少し立ち止まって、「なんでもいい」という言葉の背景にはどんな経験や思いがあるのかを考えてみましょう。

例えば、「本当に選べない」という場合もあれば、「これまでに自分で考える機会が少なかったため選べない」というケースもあります。また、「自分の意見は通らないだろう」という自信のなさから、「なんでもいい」と答えている可能性もあります。つまり、「どうする？」と聞いて「なんでもいい」と返事をする背景には、これまでの経験が関連していることが多いのです。

処方箋 2

「自分の選択が通る」体験を積む

自分で選択できるようになるためには、選択する体験を積むことと、その選択が認められる経験が必要です。子どもが「本当に選べない」という場合、日常的に選択する習慣がないことがとても多いのです。「選択する」ということは、「選ぶ＋表現する」ことがセットです。これを積み重ねていくことが欠かせないのです。

選択する際にハードルが高いのは、大きな物事に対する意思決定を急《せ》かすこと。例えば、「何も調べていない状態で明日には就職する会社を決めなさい」と、いわれたら困ってしまいますよね。大事なのは、日常生活でちょっとしたことを選択肢の中から決めさせることです。

「夕食は唐揚げとハンバーグどちらがいい？」や「旅行は海と山どちらがいい？」などのように、2択になっていると選択しやすいですね。また、「映画を観てから買い物に行く？それとも、買い物に行ってから映画に行く？」と順番を選択させる方法もあるでしょう。

「うちの子はまだ自分では決められない」と思う親御さんもいるかもしれませんが、そんなことはありません。わが家の1歳の娘は毎朝「どちらの服を着ていく？」と聞くと、「これ！」と選択しています。小さい頃から人には選択する力が備わっているのです。

選択させることを習慣化したからといって、すぐに「なんでもいい」という返答がなくなるわけではありません。時間はかかりますが機会を与えつつゆったり構えましょう。

また、小さな選択をたくさんさせる中で、「これに関してはきちんと選択する」というジャンルが見えてくることもあります。例えば、「旅行先については明確に意思表示する」とか、「夕飯についての質問は即答だ」とか。つまり、選択を重ねることで、子どもが主体性を持っている領域を理解することにもつながるのです。

処方箋 3

降水確率40%の日に「選択に責任を持つ」を体験する

選択には自由と責任が伴います。選択する自由を与えるだけではなく、その結果を本人がしっかりと受け止められることが次の選択につながります。

例えば、「今日は雨が降りそうだから、傘を持っていきなさい」と子どもに伝えてはいないでしょうか。親としては「雨に濡れてかわいそう」や「ずぶ濡れになって帰ってきたら風邪をひく」という思いがあります。でも、傘を持っていかずにずぶ濡れになった体験がなければ、子どもは自ら傘を持っていくという選択ができるようにはなりません。

自分で傘を持っていかないと決断して、雨に降られてしまった場合、「これは自分の責任だな。もう雨に降られて風邪を引きたくないから、次からは天気予報で雨マークだったら傘を持って出よう」と、体験から選択できるようになります。大ケガや命に関わるリスクを伴うことは、大人が止めるべきです。しかし、それ以外のことは多少痛い目に遭うことで、責任ある選択の重要性を知り、行動変容につなげるという経験をしていけるとよいと思うのです。

リスクを黙っておけと言っているわけではありません。「傘を持っていかなかったら、こういうことが起きるかもしれない」ということや、「私は傘を持っていかなかったときに、こんな目に遭った」という親の経験は伝えてもいいのです。その上で、子どもが「いや、私（僕）は持っていかない」と選択するのであれば、それを尊重してみる。すると、自然と子どもは体験から学んでいくのです。

処方箋 4

社会では選択できない場面があることも伝える

家庭の中で選択の自由と責任を体感させても、学校などの社会に出ると、子どもの選択がすべて尊重されるわけではないでしょう。集団行動の中で守らなければいけないこともありますし、そもそも選択の余地が与えられていないような場合もあり得ます。このような異なる基準が存在することは、子どもにとって非常に混乱を招くポイントです。

こうした場合には、コミュニティの質の違いにより、ルールが異なる場合があることを伝えておくとよいでしょう。

このとき、「コミュニティに合わせて、自分の価値観を変える必要性はない」こともセットで伝えましょう。「自分の意見を言いたければ言えばいい」と説明しておくことで、本人が自身のチャレンジ精神や意志を大切に育んでいくことができます。

苦手 3

自分の意見を言えない

処方箋 1

他者の評価を気にするのか、言葉で表現することが苦手なのか

「言いたいことがあるのに言えない」という状況には、主にふたつの背景が考えられます。「他者からの評価を過剰に気にする」ことと、「言葉で表現するのが苦手」というものです。

まず、「他者からの評価を過剰に気にする」場合、子どもは意見を伝えることによって、自分が変わっている人だと見られるかもしれないと恐れます。これは、「私だけがほかと異なるのではないか」という孤独感や、「意見を言うことで誰かを傷つけるかもしれない」という不安が原因です。

次に、「言葉で表現するのが苦手」な場合、これはしばしば経験不足からきます。感情や思考を言葉にする練習を積むことで、徐々に改善されることが多いです。しかし、こうした傾向は個性のひとつでもあるので、その子なりの方法で感情を表現できるといいですね。例えば、感情を示すカードを使ったり、絵を描いたり、歌やダンスで表現する方法もあります。子どもに合った表現方法を一緒に探し、表現の幅を広げることが役立ちます。

処方箋 2

子どもの意見はどんなものでもまずは聞く

「学校で自分の意見を言えない」という状態に対して、保護者が直接介入することは難しいですが、自宅で練習を積むことはできます。その際に大事なのは、子どもが何かを伝えたら、「あなたの言っていることを聞いたよ」と伝えることです。つまり、「認知したよ」

ときちんと表明します。その際、何を伝えたいか、まだよく理解できないときは、できるだけ責めないように質問します。さらに、「私はこういう理由で、こんなことを思っているんだよね」と、保護者自身の意見を示すこともポイントです。そうすると、子どもが「自分と相手の意見が違っていてもいいんだな」ということを知るきっかけにもなります。

また、「聞いたよ」と承認されるだけでなく、きちんと反映されることで、子どもはより声をあげやすくなるでしょう。だから、「こうしたい」という子どもの意見を聞いたら、「そうなんだね」と認識した上で、それが反映される状況をつくれるといいですね。とはいえ、子どもの主張をすべて反映することはできません。主張を受け入れることが難しい場合には、子どもの思いに対して「そういうふうに思っているんだね」と聞き取った上で、例えば、「今はそれをかなえるのは難しいけれど、1週間後少し仕事が落ち着くから一緒にやってみない？」などの提案（代替案）を出していけばよいのです。

処方箋 3

「クリアリング」で自分と相手の気持ちの違いを知る

自分の気持ちを相手に伝えるために知っておくと有効なのが「クリアリング」です。クリアリングはモヤモヤとした状態を整理していくために、アウトプットすることです。具体的なやり方としては、自分と相手がいるときに、「目に見えて起きた現象」「自分が感じる気持ち」「自分が思う相手の気持ち（憶測）」を切り分けていきます。

例えば、子ども同士のケンカで、暴力を振るわれたとします。「○月○日、教室でAさんが私を叩いた」というのが「現象」です。私が「感じた気持ち」は、「叩かれて痛かった」「腹が立った」などです。そして、私が思う「相手の気持ち（憶測）」として、「Aさんはずっと私のことが嫌いだった」「運動会で足を引っ張った私が許せなかったんだ」と考えたとします。

しかし、本当のところAさんが何を考えていたのかはわかりません。「私」が「叩かれた」という事実から、勝手に憶測を立てて敵視しているだけかもしれません。例えば、A

さんは口が達者な「私」に対して、口論ではかなわないのでつい手が出てしまったのかもしれないのです。あるいは、「私」がAさんに対して、絶対言ってほしくないようなことを言った可能性もあります。「現象」に対して、お互いが持っている「自分が感じた気持ち」「自分が思う相手の気持ち（憶測）」をテーブルの上に並べてみないと真実はわかりません。並べてみると、「そういう認識の違いがあったんだね」「あなたはこういうふうに感じていたんだね」と、出来事を俯瞰してとらえやすくなります。

クリアリングの経験を重ねていくと、モヤモヤするような状態に直面しても、自分の気持ちを上手に整理できるようになっていきます。家庭においても、もし意見がぶつかることがあれば、クリアリングを試してみてください。感情が高ぶっている間は冷静に話ができないので、お互いに少しクールダウンしてから、「あのときはさ……」と話をしてみるのです。また、客観的な立場で対話を進行してくれるような存在（祖父母や仲の良いママ友など）がいると、さらに落ち着いて話し合えるでしょう。

一見面倒に感じるかもしれませんが、こうした経験が他者理解への悩みに作用し対人関係スキルを磨くことにも結びついていくのです。

処方箋 4

小さなことから自己表現させてみる

先ほどもお伝えしましたが、親の意志と子どもの意志が別々に存在することを認識しておく必要があります。「そんなことはわかっている」という声が聞こえてきそうですが、自覚的にしておかないと、子どもに対して自然と自分の期待や要望を押しつけてしまうこともあるのです。子どもは親が求めていることに敏感ですから、小さい頃から「これをやってほしいんだろうな」「こういう私でいることを望んでいるのだろうな」ということを察知します。その結果、自分の意志と親の意志が異なっているときに、子どもの中で「がっかりさせてしまうから、自分の本当の意志や意見を言うのをやめよう」と思ってしまうのです。とはいえ、すべての期待をなくすのは難しいですし、そんな必要はありません。大切なのは、親の期待と子どもの思いを切り分けること。期待を抱くことを否定しているわけではないのです。

親の期待を察知し続けて、なかなか自己表現ができなくなっている子には「親自身が明確な期待（意見）を持っていないことを子どもに選択させてみる」というのが一歩になると思います。つまり、「この件については、どちらでもいいと思っているから、あなたの意思を尊重する」という場面から子どもに意思決定を任せてみるのです。このようなシーンでは、子どもは親の顔色をうかがう必要がありません。例えば、「今日着る服はどちらにする？」「朝食はごはんとパンどっちがいい？」といった質問がいいかもしれません。

繰り返しになりますが、子どもは親の期待に応えようとする傾向が強いものです。それを十分に理解して接することが大切です。

苦手 4 やるべきことをやらない

処方箋 1 「やらなかった場合にどうなるか」を子どもと考える

「宿題をやらない」「テスト勉強をしない」「明日は早起きをしなければいけないのになかなか寝ない」など、親としては子どもが先を見据えて行動しない姿にハラハラすることも少なくないでしょう。

もしかしたら、子どもは「やらなかったら

どうなるかがわかっていない」のかもしれません。例えば、夏休みの宿題をやらずに学校に行ったらどうなるか。その結果を予測できていない可能性があります。こうした場合には、「一緒に予測してみる」ことが求められます。

「夏休みの宿題が終わらなかったら、どんなことが起こると思う?」「周りの友達は宿題をやってくるかな?」「自分だけ宿題をやっていなかったら、どんな気持ちになるかな?」と聞いてみるのです。そこで、子どもが「嫌な気持ちになったから宿題を間に合わせたい」と思えば、親子で一緒に取り組める方法を考えてみてください。

一方で、「自分だけ宿題をやっていなかった」という状態でも意に介さない子もいます。実は私の姉はそういうタイプだったので、同じ家庭環境で育っても子どもの特性によってまったく異なるのだと思っています。身も蓋もありませんが、こうした子は宿題をする必要性を感じないので、周囲からはどうすることもできません。他人の気持ちは変えられませんからね。「先生に怒られるのは嫌でしょう!」と叱ったところで、本人はそう思ってはいないので、主体的に宿題をするようにはなりません。こういう場合には、その子が必要性を感じることに目いっぱい打ち込ませてあげることがお互いにとっての幸せだと思います（ちなみに姉は20年以上前の時代に、推しのファンサイト制作に没頭していました）。

子どもに「やめなさい」といっても、動画やゲームをやめられないのも、同じ理屈だと思います。依存症の危険性があるのなら専門機関へアクセスすることが必要ですが、そうではなく、「注意されてもやめない」という状態は「やめる必要性を感じていない」ということでしょう。そうしたときには、親は落ち着いて「私はこんな理由から制限していく必要があると感じている」と子どもに伝えることから始めるのが重要です。大人のほうがさまざまなリスクを予測できるものです。子どもにはそれらのリスクが見えていないこともあるので、「こういうリスクがあるよ」といったことはきちんと伝えましょう。具体的には、ゲームに夢中になってごはんを食べないなどの状況には、「本当はおなかがすいているのにゲームをしていて食べられないことは望ましい状況なんだっけ？」と投げかける。そうすることで、子ども自身が自分の中で必要なことや優先順位を考えていくようになっていきます。

処方箋
2

「物理的な仕組み」を整えれば解決できることも

子どもが「時間から逆算した行動ができず、いつもギリギリになる」「自律的に準備ができない」「宿題が間に合わない」といった保護者の悩みはよく耳にします。いくら言葉で「気をつける」「次からは頑張る」といっても、なかなか改善できるものではありません。これらの場合に必要なのは、物理的な環境を見直すことです。

「いつもギリギリになる」子は、そもそも準備の時間が足りているか再検討しましょう。20分で身支度ができる子もいれば、1時間かかる子もいます。その子に応じて、「準備を開始する時間を早める」「早起きをする」といった具体的な対応策が必要になります。

「自律的に準備ができない」子には、子どもの荷物がわかりやすく収納されているか環境を確認してみましょう。たんすの引き出しに、①②③と番号を振って、そのとおりに服を着ていけば完成するなどの仕組み化ができるとよいかもしれません。

子どもは同じ空間で過ごす人の影響を強く受けます。耳が痛いかもしれませんが、子どもが時間を逆算して動けない場合は、親御さんも同じように時間ギリギリで動いているかもしれません。「自律的に準備ができない」子のご家庭では、いつも「あれがない」「これはどこいった？」という会話が繰り広げられていることも少なくありません。

実のところ、私自身も先ほど告白した「片づけが好きではない」という気質は生家から引き継いできているように思います。私の場合には、高校時代から寮で仲間と共同生活をしたので、早々に苦手な「片づけ」に向き合わなければいけませんでした。その結果、思いついた物理的な解決策は「なるべくものを持たない」こと。ものが増えるから片づけが大変。だから、その課題を根本からなくしてしまおうと思ったのです。

お子さんの傾向が気がかりなのだとしたら、一度ご家庭の状況を振り返ってみましょう。そして、気づいたことがあれば、親子で一緒に物理的な改善策を考えていく。そうすることで、すがすがしい親子の時間が増えていくはずです。

処方箋 3

夢中でやり遂げられることがひとつでもあれば大丈夫

自己管理ができていないと、「大人になったときに大丈夫だろうか」と不安になるかもしれません。その心配はごもっともですし、完全に拭い去ることはできません。

しかし、子どもは自ら成長し、学んでいきます。まずは子どもの可能性を信頼してみませんか。子どもに対しては、心配よりも信頼こそが成長を促します。

心配していると、「あれもできない」「これもできない」と、子どものできないことにばかり目がいくようになります。しかし、多くの場合、子ども自身が没入する「どうしてもやりたいこと」には、きちんと計算してやり遂げる気持ちを持っているものです。例えば、旅行の計画はとても綿密に立てられるとか、サッカーの練習だけは遅刻せずに行くとか。そういった姿が見えてくると、親御さんも安心できると思うのです。学校の宿題や事前の準備などには子どもの気が向いていないだけ。興味関心を持っている、何かひとつでも夢中になってやり遂げていることがあれば大丈夫です。そんなふうに、子どもの「できている」ところに目を向けて、信頼を重ねていきましょう。

処方箋 4

「ほかの子はできているのに」という焦燥感を手放す

保護者の不安の多くは、「みんなができているのにできない」といった比較からきていることが少なくないように思います。どうしても人は誰かと比較しがちな生き物ですからね。それも仕方がないことなのかもしれません。しかし、心配な状態があったとしても、子どもがいつまでもその状態にとどまっているわけではありません。157ページでは発達段階についてご紹介しますが、人は引っ張り上げなくても、その段階に沿って自然と成長していく力を持っています。それぞれペースは異なりますが、成長していく中で、できることはどんどん増えていきます。

「いつかできるようになる」という親の信頼と理解に基づいたおおらかなまなざしは、子どもの「切りひらく力」を育む上でとても重要なのです。

苦手 5

友達とうまく付き合えない

処方箋 1

嫌な思いをさせてしまった相手から話を聞く場を設ける

「お友達が傷つくようなことを平気で言ってしまう」「ふざけすぎて、お友達に暴力的になってしまう」といったお子さんの悩みを持つ保護者は少なくありません。

この場合は、2つのケースが考えられます。

1つ目は、「他者理解の能力が乏しい」ケ

ースです。これは、他者の視点を持てず、相手の嫌なことが見えない状況です。自分の価値観でしか物事を見ていないため、相手が嫌がっていることに気づけません。

2つ目は、「自分がされて嫌なことを相手にもしてしまう」ケースです。これは、相手の立場を理解できていないのではなく、自分がされて嫌なことだとわかっていても、ついやってしまう状況です。

いずれの場合も、「相手の立場になって考えなさい」という注意には限界があります。1つ目では、自分が平気な場合、「相手の立場になって考えなさい」と言われても、何を嫌がっているのかまったく理解できません。「こんなことをされたら嫌でしょ？」と伝えても、「別に平気だけれど？」と感じるからです。2つ目のパターンでは、リアリティをもって他人の感情をとらえられていないため、注意が効果を持ちません。

このときに大切なのは、「嫌な思いをさせてしまった相手からきちんと話を聞き、人間の多様な受け取り方や感じる気持ちを理解すること」です。例えば、Aさんは、ふざけているつもりだったのにBさんが泣いてしまったと、いうような状況の場合には、Aさんは

Bさんに「何か嫌だったのか」を確認するのです。保護者同士で解決したり、「ほら、Bさんに謝りなさい」とすませてしまったりせずに、骨が折れるかもしれませんが、子ども同士で話をする場を設けていくことが大切です。

直接話を聞くと、相手という存在を認知せざるを得ません。しかも、相手が、「私はこう感じた」「こんなことがつらかった」と語ると緊迫感を感じ、「理解が促される」状況になっていきます。

大事なことは相手から話を聞く際に、「行為に対してのフィードバックであり、あなたが悪い人であると非難しているわけではない」という大前提をきちんと伝えていくこと。自分自身のアイデンティティが否定されているわけではなく、あくまで行為について見直すことが重要だと確認しておきましょう。

処方箋 2

集団行動が苦手なことを責めない

クラスなど大人数の中にいることが苦手で、対人関係に不安を感じている子は多くいます。「主張をすると和を乱してしまうのではないか」と不安を感じていたり、集団の中いると自分のペースを守れずすごく居心地が悪かったり。子どもだけではなく、大人にもこうした傾向に悩む人はたくさんいます。ひとりが心地よい人もいれば、大人数でもまったく問題ない人もいる。集団行動は苦手だけれど、2、3人と一緒だと心地よい人もいます。これは何が悪くて、何がいいということではありません。それに、直そうと思って直せることでもないでしょう。

教育観によって考え方は異なるかもしれませんが、私は集団行動が苦手ならば苦手でいいのではないかと思っています。問題なのは、集団行動に合わない自分を責めて、そこから無気力になったり社会との接続を断ってしまったりすることです。

必要なことは何が苦手で、「何だったら大丈夫か」「何ならば得意か」を気づいた上で、環境を決めていくことだと思います。例えば、学校の行事のような集団行動が苦手ならば、そうしたことには関わらない選択もあるでしょう。あるいは、自分のペースで学べるような環境を選ぶという解決策もあると思います。対処法もひとりで考えさせるのではなく、親子や仲の良い友達、学校の先生などを交えて話し合っていけるといいですね。

「学校になじめないと将来が心配」という保護者の思いもあるかもしれませんが、今は個人プレーでできる仕事がたくさんある時代。集団に無理になじもうとしなくても、社会と接続する何かしらのすべがあればいいのではないでしょうか。

親子で、「自分なりの自分との付き合い方をデザインする時間」を持ってみてください。子どもが自分の強みや興味を理解し、最適な環境や過ごし方を見つける手助けになります。「学校の中で集団生活をするしか世の中で生きていく術はないんだ」と思っていると、子どもは自分自身を追い詰めていきます。しかし、フリースクールやオンラインでの学びの場、あるいは地方の小規模校など、多様な環境や方法を知ることができれば安心します。実際にその道を選ばなかったとしても、「大丈夫」と思うことができる選択肢を持っておくことは気持ちの安定につながります。

処方箋 3

「最近好きなYouTuberいる?」と子どもに投げかける

大人から見て、「この子は他人に興味がない」と思ったとしても、それは一面的な姿しかとらえていないことがあります。例えば、周囲に興味がある人がいなかったとしても、興味の幅が狭いだけで特定の著名人に対しては強い関心を持っているようなこともあります。

よく動画を観ている子であれば、「最近好きなYouTuberいる?」と聞くのもよいでしょう。マンガが好きなら、「この人の作品は絶対に読むというマンガ家は誰?」といった質問でもいい。「最近、この人がおもしろいなと思っているんだけれど、あなたも推しはいる?」といった、親御さんの自己開示から始める方法もあるかもしれませんね。あるいは、子どもに尋ねなくても、観察しているだけで興味の対象に気づくこともあるでしょう。ひとりでも興味の対象がいれば、それでいいのです。「この子はこういうふうに人とつながるんだな」といったことがわかれば、親として安心できますよね。

子どもの興味を理解したら、「じゃあ、この人のコンサート一緒に行ってみる?」と、関心をより深めるような提案をするのも一案です。「興味の幅が狭いと、このまま一生狭いのではないか」と心配になるかもしれませんが、そんなことはありません。子ども自身が興味を広げる方法がわからなかったり、深めてはいけないような気がしていたりするケースもあるのです。子どもの経験や置かれた環境によって、どんどん関心が広がっていくものです。

処方箋 4

さまざまな「ノー」の伝え方を身につける

友人に対して「ノー」と言えず、対人関係に悩みが生じるのは10代の特徴です。この問題の根本は、自己調整や関係性の調整の難しさにあります。

断り方にはさまざまな種類があります。「今日遊びに行こうよ」と誘われて、「気分が乗らないから行かない」という方法もあれば、「家の予定があってさ」と理由をつけることもできます。ストレートに断ると角が立って、嫌われるリスクを感じる場合もあるでしょう。また、「今日は無理なんだけれど、来週また誘って！」という方法もある。こうした、表現方法を具体的に身につけていくことで、子ども自身が楽になっていくことは多いです。

最近では、SNSの普及により友達付き合いの難しさが増していると感じます。LINEグループの中でやり取りがずっと続き、仲間外れにされるのが怖くてレスをやめることができず、勉強や生活に支障が出ているケースも生じています。夜中もLINEのやり取りが続き、健康面にまで問題を与えているといった話も耳にします。友達グループからの孤立への恐れを持っている子は、とても多いです。

これは、165ページでお伝えする発達段階における「友達と同じ行動をしていたい」という同調的なニーズがマイナスに働いている状況といえます。精神論のように聞こえるかもしれませんが、まずは親子で「孤立」という概念について考えてみるとよいのではないかと思います。クラスの友達とは「LINEグループでつながっている状態だよね。でも、あなたには家族もいるし、部活動や習い事の友達もいるよね」と、すでにあるつながりについて話し合ってみる。すると、「LINEを返さないことぐらいで孤立させてくるような人たちとは、付き合わなくてよいかもしれない」と子ども自身が気づくことも多いのです。

嘘も方便です。関係性を割り切って、「夜22時以降は親にスマホを取り上げられちゃったんだよね」などと言い、切り抜けていくこともできるようになっていきます。深く納得したところで、アクションを決めていくことができた子は、今後同じような状況に立たされたとしても、自分で考えて、意思決定していくことができます。

遠回りのように見えますが、子どもと対話しながら「孤独」へ向き合っていくことも、他者との上手な関係性構築のポイントだといえるでしょう。

Chapter
4

今日からできる SELワーク

家庭でできるSELワークを11個ご紹介します。取り組みやすい順に並べていますが、どのワークからはじめていただいても構いません。いずれも主体的に行動できる子どもの土台を育むためのものです。SELは習慣化することで、お子さんとご自身の成長を実感できるようになります。親子で変化を楽しみながら取り組んでください。

WORK
1
難易度 ●○○○○

呼吸のワーク

育まれる力
○自己認知力

対象（取り組みやすい年代）
○未就学児～大人

推奨人数
○1人～

「気づく」ことは、SELの根幹です。「気づき」から適切な対応がスタートするからです。「気づく」際に重要なことは振り返りです。

振り返りのときには、すでに本書で何度か登場しているノンジャッジメンタルを思い出しましょう。

例えば、本当は「眠い」と感じていたとしても、「今日は8時間も眠ったし」「そこまで疲れていることはしていない」というようなジャッジが働くと、本当に感じていることに気づきづらくなります。「こうなるはずだ」や「普通は〜だろう」といったジャッジを手放すと本心に気づけるようになります。

そのために気軽にできるのが「呼吸のワーク」です。これは何歳からでもできます。「スクールヨガ」といった呼称で実践する日本の学校も出てきています。

自分の呼吸に集中することで、散らばった意識を自分に戻していくSELのアプローチです。朝や就寝前などに、習慣化できるとよいでしょう。

やってみよう
WORK ❶

所要時間 **1〜2分**

STEP

❶ 1分後にアラームをセットする。

❷ あおむけになっておなかの上にぬいぐるみなどを乗せて呼吸をする。
（呼吸に集中するためにぬいぐるみを置く。慣れてきたら、座って行ってもOK）

❸「息を吸って吐く」ことに意識を向ける。
（お腹の上のぬいぐるみを見ると、呼吸に意識を向けやすい）

❹ 複数人で実践する場合には、お互いにどんなことを感じたり考えたりしたか振り返りながらシェアする。「呼吸に集中しようと思ったけれど、午後の予定ばかり考えて集中できなかった」など意識が移ろいやすいことを自覚する。

WORK 2

難易度 ●○○○○

マインドフルイーティング

育まれる力
○自己認知力

対象（取り組みやすい年代）
○未就学児～大人

推奨人数
○1人～

一般的には食べ物は口に入れたら、特に何も感じずに噛んで飲み込むことが多いでしょう。「おいしい!」や「冷たい!」くらいは感じますが、そこまで深く観察することはないと思います。

マインドフルイーティングは、食べ物を五感を使って観察し、自分の感覚に気づくワークです。これまで気づかなかった食べ物の一面だけでなく、それらに対する自分の反応を感じ取ることができます。これは、余白をもってひとつひとつの物事を観察すると、新たな発見があることに気づくためのワークです。ちょっとした食べ物を口にするおやつの時間などがおすすめです。レーズンがよく例に挙げられるのですが、チョコレートでもスナックでもOKです。

114ページで紹介した「呼吸のワーク」では、見えないものに意識を向けました。一方で、マインドフルイーティングは他者と共通の「見えるもの」に注意を向けて、多様な面から観察するという特徴があります。「こんなに身近なものでも、時間をかけて観察するといろいろな発見がある」といったことを感じ、その気づきをシェアしましょう。

やってみよう
WORK 2

所要時間 5 分

STEP

1. 食べ物を口に入れる前に、見た目や色、香りなどを観察する。「こんな色だったんだな」「断面がでこぼこしている」などさまざまな角度から見てみる。
2. 口に入れたあとも、「甘味が広がる」「鼻に抜けるにおいがある」といったことを感じ取り、咀《そ》嚼《しゃく》の際も「グニグニしている」「少し味が変化した」など意識を向ける。
3. 複数人で行う場合には、それぞれの気づきをシェアする。

WORK 3

難易度 ●○○○○

ボディスキャン

育まれる力
○ 自己認知力

対象（取り組みやすい年代）
○ 未就学児〜大人

推奨人数
○ 1人〜

CTスキャンのように頭の上から輪を下ろしていくよう意識して、自分の体にどんなことが起きているかに目を向けるワークです。自身の体から、自己認知につなげていきます。習慣化することで、毎日の体の変化やちょっとした不調に気づくことができるようになります。

やってみよう WORK 3

所要時間 5分

STEP

1. 目をつぶり、頭の上からフープのようなものがゆっくりと下りて体をスキャンするイメージを持つ。（環境に応じてどのような姿勢で取り組んでもOK）
2. 3〜4分かけて意識を向ける場所を頭から足先まで下げていく。
3. 複数人で実践する場合には、「おなかが重たい感じがする」「右足がちょっと痺れている」「すごく目が疲れていた」など、スキャンして気づいたことを目を開けた状態でシェアする。

WORK

4

難易度 ●○○○○

気持ちを天気にたとえるワーク

育まれる力
- 自己認知力
- 自己管理力

対象（取り組みやすい年代）
- 未就学児〜大人（特に小学校低学年）

推奨人数
- 2人〜

「自分の気持ちを共有する」ことは簡単ではありません。言葉でうまく伝えられないときには、今の気持ちを天気にたとえる方法が有効です。「晴れ・雨・曇り」といった3つの選択肢でもいいですし、「台風」「雪」「雷」などバリエーションを増やしてもいいでしょう。天気には移り変わりがあります。慣れてくると、空模様だけでなく、気温や雨の種類など、多様な要素を使って自分の気持ちを表現できるようになっていきます。

例えば、朝食や夕食のタイミングで、「今日の調子はどう?」「昨日(今日)の学校はどうだった?」と尋ね、さらに「なんで〝雨〟だったの?」と理由も聞きながら、気持ちを共有しあうことを習慣化していきます。絵を描くのが好きな子は、天気マークを描いて表現してもいいでしょう。あるいは、マグネットに天気のシールを貼って、帰ってきたら冷蔵庫に今日の気分を貼っておくなどの方法もあります。毎日実践することが難しい場合には、週末に1週間を振り返って「今週の天気」を決めてもいいでしょう。ご家庭に合ったスタイルで、気持ちのシェアの習慣をつけてみてください。

やってみよう
WORK 4

所要時間 5分

STEP

1. 天気マークを印刷した紙を用意する。
（絵を描いて表現してもOK）

2. 決まった時間に、「今日の気持ちはどれ?」と家族でシェアをする。

3. なぜ、その天気だったのか理由を聞き合い、気持ちを共有する。

WORK 5

難易度 ●●○○○

Stop Breath and Be

育まれる力
- 自己認知力
- 自己管理力

対象（取り組みやすい年代）
- 未就学児〜大人

推奨人数
- 2人〜

「ストップブリーズ＆ビー」とは、「一旦立ち止まって呼吸する」という意味です。イライラや悲しみなど強い感情を抱いたときに、その気持ちと自分自身が付き合っていく力を養うワークです。気持ちが高ぶると自分でもどうしていいかわからなくなる子どもは少なくありません。そんな子におすすめです。

ただし、気持ちが高ぶっている渦中では使えません。あくまでも、再び怒りや悲しみに直面したときにどのように対処すればいいか練習するものです。

イライラや悲しい感情を思い出す際は、トラウマになっているような経験は避けるよう注意が必要です。それを思い出すのは子どもでも大人でもつらいものです。このワークでは、今後も日常的に起こり得る怒りや緊張感など日常的なものを取り上げるとよいでしょう。

やってみよう
WORK 5

所要時間 10分

STEP

1. 子どもにイライラや悲しみなど強い感情を抱いたときのことを思い起こすよう促す。
2. そのときの状況や気持ちを、3分間で一気に話してもらう。
3. 時間がきたら話を区切って、3回深呼吸させる。
（話の途中でも、3分経過したら一旦話を止めてOKです）
4. 感情が高ぶったシーンについて話しているときと、深呼吸後では、何がどう違うかをシェアしてもらう。「怒っているときは頭がガンガンした」「周りが見えなくなって、『許せない』ということしか考えられなくなった」といった振り返りをし、「深呼吸したら少し頭も胸も楽になった」「息が吸いやすくなった」など心身の変化を認知する。
5. 「次にイライラしたときは、同じように3回深呼吸してみよう」など気づきを促す。

WORK
6

難易度 ●●○○○

レジリエンスゾーン

育まれる力
- 自己認知力
- 自己管理力

対象（取り組みやすい年代）
- 未就学児～大人

推奨人数
- 2人～

「レジリエンスゾーン」を意識すると、自分の気持ちの揺れ動きに関する理解を深めていくことができます。

人の感情や自律神経には波があり、ハイゾーンとローゾーン、その間のOKゾーンを行き来しています。132ページの図の「ハイゾーン」とは、気持ちが高ぶって怒りが込み上げたりパニックに陥ったりとコントロールが難しい状態のことを意味します。「ローゾーン」とは、パワーが出なかったり落ち込んで動けなかったりする状態です。そして、「OKゾーン」とは多少の波はあるものの、自分でコントロールが利くゾーンのことです。このOKゾーンのことを「レジリエンスゾーン」と呼びます。

132ページの図のような「ハイゾーン」「OKゾーン」「ローゾーン」を視覚化したグラフを見えるところに貼っておき、「今、自分はどこにいるのか」、あるいは「今日はどんな状態で気持ちの波が行き来したのか」などを振り返れるようにしておきます。

「ハイゾーン」や「ローゾーン」にいるときの具体的な対処法も理解しておきましょう。

ハイゾーンへのアプローチ……グラウンディング

ハイゾーンにいるときには「グラウンディング」が有効です。グラウンディングとは、体を何かに接することで安心感をつくるアプローチです。例えば、壁に背をつけて座り、1〜2分深呼吸します。あるいは、ふわふわしているぬいぐるみやブランケットをギュッと抱くのもいいでしょう。人間は体が何かに接触していると落ち着く習性があります。リラックスできる体勢や環境はそれぞれ異なるので、自分なりの落ち着く場所や体勢を見つけましょう。これらをすることで、ハイゾーンにあった心を落ち着かせることができます。そわそわしていたり緊張していたりするときにも、グラウンディングは有効です。

ローゾーンへのアプローチ……リソーシング

ローゾーンの場合には、エネルギーを得られる場面を想像する「リソーシング」が効果的です。例えば、ペットを撫でているときやお風呂に入っているとき、自然の中で木を眺めているときなど、自分のパワーを充電できるようなシーンを思い浮かべます。その際はなるべく具体的にシーンをイメージしましょう。ペットの毛並みやにおい、ぬくもりなどに至るまで想像します。実際にその場にいなくても、交感神経と副交感神経が整い、エネルギーが充電されていきます。

やってみよう
WORK 6

所要時間 20 分

STEP

1. 人には「レジリエンスゾーン」があることを下記の図とともに理解する。
2. 「ローゾーン」「ハイゾーン」について、そのときの状況や気持ちをお互い話す。
3. グラウンディングの方法を考えて実践してみる。
4. リソーシングの方法を考えて実践してみる。
5. 親子でそれぞれのグラウンディングとリソーシングの方法をシェアする。

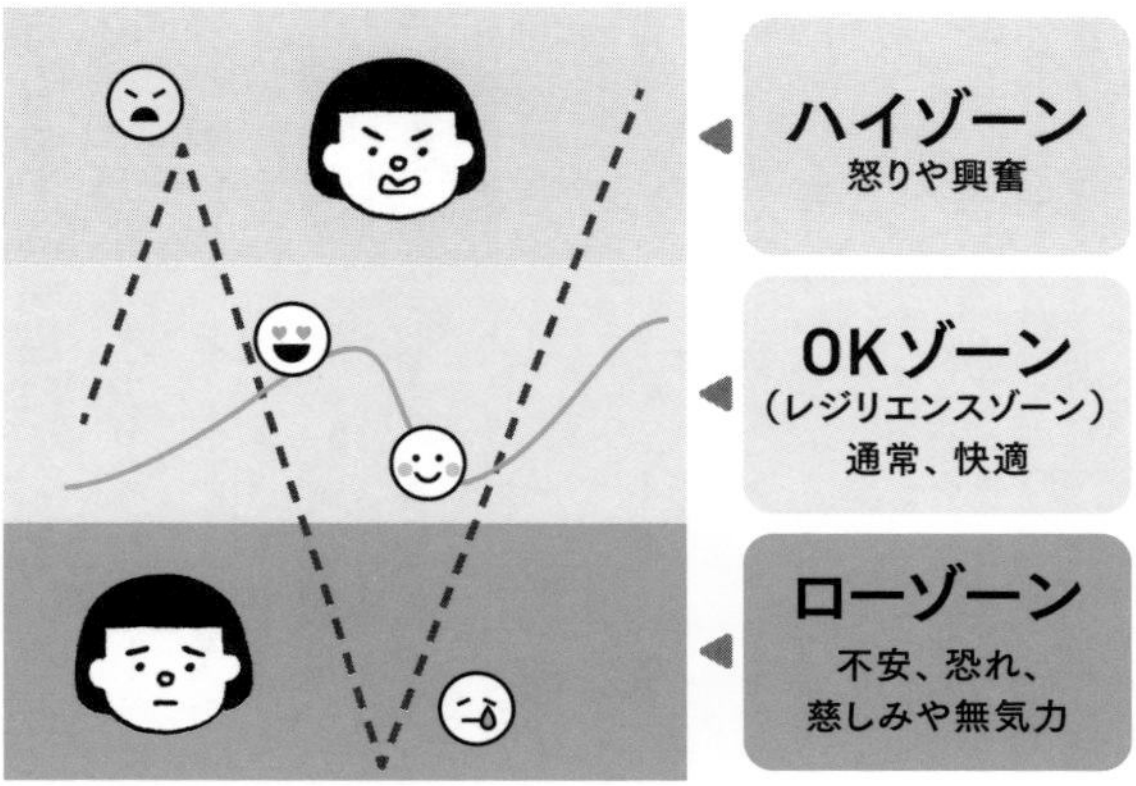

WORK 7

難易度 ●●●○○

「一日一善」を共有

育まれる力
○ コンパッション

対象（取り組みやすい年代）
○ 未就学児～大人

推奨人数
○ 2人～

68ページで述べた「コンパッション」を譲成するワークとして、「誰かにとって思いやりのあることをした」とシェアしあうワークがあります。日本語では「一日一善」といった表現になるかもしれません。「電車でお年寄りに席を譲った」「ベビーカーを押している人が階段の前で止まっていたので手伝った」など誰かが助けを必要としていた際に、自分が自然に動いたことを認知するワークです。

やり方はいろいろありますが、例えば、表が白、裏が黒のマグネットを使って、通常は黒の状態にしておき、「一善」をした日にはひっくり返して白にします。ちなみに、表が白で裏が黒のリストバンドをして、「一善」をしたらひっくり返す取り組みをしている人に会ったことがあります。

叡智《えいち》ある思いやりを育むワークなので、「褒められるために行う」ことにならないような仕掛けが必要です。「こんなことをした」と子どもがシェアをしたら、「すごいね!」と褒めるジャッジをするのではなく、「そのとき、どんな気持ちがした?」「なぜ、そういう行動を自分から取ろうと思ったの?」と感覚を耕すような問いを投げかけながら対話できるとよいでしょう。

やってみよう

WORK 7

所要時間 10 分

STEP

1. 両面異なる色のマグネットを用意し、「一日一善」をしたら、表裏をひっくり返す。
（カレンダーにシールを貼る、日付けに○をつけるなどでもOKです）

2. 「どんなことをしたの？」「そのとき、どんなふうに感じた？」と聞いて出来事や感情を振り返ってシェアする。

WORK 8

難易度 ●●●○○

感謝のシェア

育まれる力

○ コンパッション

対象（取り組みやすい年代）

○ 未就学児～大人（思春期に入ってからスタートするのはやや難しい）

推奨人数

○ 2人～

近い関係性だからこそ難しいのが、「感謝を伝え合うこと」です。親子の間で、「今日もお弁当を全部食べてくれてありがとう。うれしいなぁ」と感謝を伝えたり、逆に「お弁当がおいしかったから頑張れたよ！　ありがとう」などと感謝を伝えられたりしているでしょうか。こうした感謝を伝え合うことはSELの大切な要素のひとつである「コンパッション」、つまり「叡智ある思いやり」を養うことにつながります。

「AWE（オウ）」という概念をご存じでしょうか。自然など自分がコントロールしきれない偉大なものに対して、感謝と尊敬の念を持つ感情や姿勢のことです。残念ながら日本語にはピッタリくる表現がないのですが、強いて言えば「畏敬の念」に近いです。「圧倒されるような感謝を実感すること」で、この「AWE」が養われるともいわれています。こうした感情が土台にあると、「自分がすべてをコントロールできる」「自分が何とかしてやろう」といった思いにはならず、ある種、適切に自然に委ねるような感覚を育むことができるのです。これは人間的な器やしなやかさにつながる部分だと私は思っています。

ワークの話に戻りますが、「感謝のシェア」を習慣化していくことで、小さな感謝の気持ちにも気づいたりシェアしたりすることが身についていきます。

注意してほしいのは、思春期に入った子が家族に対して感謝を伝える行為はとてもハードルが高いということです。そのため、「感謝のシェア」はなるべく早い段階で習慣化できるとよいでしょう。もしお子さんが思春期に差しかかっている場合は、無理をせず、「今日は感謝を言い合えそうな雰囲気だな」というときを見計らって取り組んでみてください。

親子間で感謝を伝え合うのが気恥ずかしくて難しい場合は、家族間の行為に限定しなくてOKです。「感謝したいと思ったこと」なら何でも構いません。例えば、「駅のトイレがとてもきれいで、掃除してくれた人に感謝したい」や「今日、雨上がりに見た虹に感動して、自然に感謝したい」など。これならば、はじめやすいかもしれませんね。

やってみよう
WORK 8

所要時間 **10** 分

STEP

1. 夕食のときなど決まった時間に、「今日もお弁当を全部食べてくれてありがとう。うれしいなぁ」など親から子どもに感謝を伝える。
2. 「お弁当がおいしかったから頑張れたよ！　ありがとう」など子どもからも感謝をシェアしてもらう。

WORK

9

難易度 ●●●●○

家族のグラウンドルールを作る

育まれる力

○ 関係性構築スキル

○ コミュニティや社会とつながる行動力

対象（取り組みやすい年代）

○ 小学校低学年～大人

推奨人数

○ 2人～

「グラウンドルール」とは、コミュニティをより良い場にし、全員が心地よく過ごせるようにメンバー自身が決めたルールのことを指します。家庭においては、家族全員が落ち着いて幸せに暮らすためのルールといえるでしょう。

「朝食は全員揃って食べる」「食事の買い出しは夫が担当」「土日は両日出かけると疲れてしまうので1日は休むことにしている」など、家族の中ではすでにルールが〝何となく〟あることが多いのではないかと思います。今の状態で問題があってもなくても、グラウンドルールを作ることは意味があります。「自分の声が聞かれた」「自分が決めた」ということが、家族に対するエンゲージメント（関係性を育むためにアクションすること）にもつながっていくからです。

また、子どもがルールメイキングを経験できます。自分の提案がルールに反映されるという経験は、自己効力感につながります。今の日本の若者たちは「自分の声が社会に反映されるはずがない」と思っている節があります。ルール策定に参加してそれを自分が運用することは、民主主義社会で生きる私たちの「シビックプライド」を醸成するとても重要なことです。

学校では探究学習の時間に、よくグループを作って協働的に学習しますが、その序盤でグラウンドルールの作成を行うことがあります。

例えば「自分の言ったことを聞いてもらえなくて、もう発言するのはやめようと思ったことがある」といった体験を語ってくれる子が現れたとします。そうした発言をもとにチームで話し合うことで、「全員の話を途中で切らずに最後まで聞く」といったグラウンドルール作成につながっていきます。

このようにルール作成時は、モヤモヤしたり気になっていたりすることから対話を進めると、フィットするルールを考えやすくなります。

家族でグラウンドルールを作成する際には、子どもが気になっていることも、親が気になっていることも、等しくテーブルの上に置いて対話しましょう。子どもは親の顔色を見たり、「親に言ってもどうせ自分の意見は通らない」と思い込んでいたりします。そのため、意見を出しやすい工夫が必要です。例えば、自宅ではなくカフェやファミレスなど場所を変えてモードチェンジをする、あるいはゲーム感覚にするのもいいでしょう。「実現の可能性は横に置いておいて、こういうルールがあればいいのにと思うものを付箋に書いて気軽に出そう」とハードルを下げ、「せーの！」と声かけして出し合うのもおすすめです。

その際、「実はお父さんが食事中にスマホをいじっているのが気になる」「私には動画を観すぎるなと注意するくせに、自分はずっとスマホゲームしている」など、親としては耳の痛いことも出てくるかもしれません。しかし、せっかく出してくれた意見を、「大人だからいいんだ！」「おまえは勉強があるから注意しているんだろう！」など一方的に断じてしまっては、もう二度と意見を言ってくれなくなります。

大切なのは、子どもと親が納得するルールを作ることにつなげることです。

家庭全体のグラウンドルールを決めるのは大変なので、「食事中のグラウンドルール」「学校や仕事から帰ったあとのグラウンドルール」など限定すると意見が出やすいです。

また、「～しない」という否定形にはしないのもポイントです。「靴下を脱ぎっぱなしにしない」ではなく、「脱いだ靴下は洗濯機に入れる」とするのです。「これはしない」「あれが嫌だ」「これはダメ」というルールは、険悪な雰囲気のもとになるからです。

やってみよう

WORK 9

所要時間 60 分

STEP

1. カフェやファミレスなどいつもと異なる環境に身を置く。
2. 付箋に「気になっていること」や「こんなルールがほしい」と思っていることを書く。
3. 付箋に書いたものを一枚ずつ読みあげ、全員に共有する。
4. 自分が書いた項目を説明したり、「これはどういう意味？」と尋ねたりする。
5. 家族全員が納得し、これからハッピーになっていくことが見えるグラウンドルールを作る。
6. グラウンドルールは家族が目にしやすい場所に貼っておく。
7. 一定期間経ったら振り返り、効果を感じられないルールは見直したりブラッシュアップを図ったりする。

WORK 10

難易度 ●●●●○

自分のトリセツを書く

育まれる力
○自己認知力
○関係性構築スキル

対象（取り組みやすい年代）
○小学校低学年〜大人

推奨人数
○2人〜

自己認知や自己管理に役立つのが、「自分のトリセツ（取扱説明書）を書く」ワークです。自分を家電製品にたとえて、「機能」や「安全上の注意」などを記入していきます。書いていくうちに、「私はこれがすごく苦手なんだ」「こう言われるととてもうれしい」といったことに気づきます。

記入後に親子でシェアすると、「そうだったの？」「だから、あのとき怒っていたのか！」といった発見があると思います。

パートナーとも一緒にできるといいですね。例えば、「故障かな？ と思ったら」の項目。「失敗して落ち込んでいたら、どんな言葉をかけてほしいか」は人によって違います。周りに聞いてみたところ、『お疲れさま』とか『また次があるよ』と言われると、イライラが止まらなくなる」という人もいました。かたや、『お疲れさま』の何が嫌なのかわからない」という人もいるでしょう。

ほかにも、「怒りスイッチ」がどこで入るのか。これも家族でそれぞれ異なるので「そうだったのか！」という発見があるはずです。

相手の言動を変えることはできませんが、自分のトリセツを表明することで、結果的に相手が気をつけてくれるようになる可能性はあります。私の場合は、夫や子ども（まだ字が書けないので、もう少し大きくなってからのことですが）のトリセツを見て理解した上で、自身の行動をアップデートしていこうと考えています。

このように、他者との関係性の中で自分自身が磨かれていくこともＳＥＬの特徴のひとつです。

やってみよう WORK 10

所要時間 40分
（人数によって変動）

STEP

1. 次のページの項目を参考に、自分のトリセツを書く。
2. お互いにどのようなことを記入したか内容をシェアする。
3. シェアされたトリセツにどのようなことを感じたか伝える。
（ノンジャッジメンタルで傾聴して、「そうだったんだね!」「知らない一面を教えてくれてありがとう」と感想を伝えましょう）

＿＿＿＿＿＿＿＿＿＿の取扱説明書

基本情報

- 名前
- 生年月日
- 呼び名
- 星座
- 趣味・関心事
- 好きな食べ物
- もらってうれしいもの

機能について

- この役割が得意です
- この部分は苦手です

スイッチの入れ方

- やる気スイッチは、こんなふうに押せます

スーパーミラクルモードになるには

- これをやっているときは輝いています

安全上のご注意

- こんなことが起きると、イライラするかもしれません

故障かな？と思ったら

- こんな状況だと故障しやすいのでご注意ください
- こんな言葉をかけて励ましてください

という私ですが、よろしくお願いします！

WORK 11

難易度 ○○○○○

メンタルモデルを知る

育まれる力
○自己認知力
○自己管理力
○社会システム認知力

対象（取り組みやすい年代）
○小学校高学年～大人

推奨人数
○2人～

意思決定をするときには、「メンタルモデル」が作用しています。

メンタルモデルとは、人が無意識うちに持っている思い込みや考えのことを指します。「氷山」を使って説明するとわかりやすいと思います。155ページの図のとおり、実際に起こる「出来事」は氷山の一角、ほんの一部分にすぎません。その下には、「パターン」「構造」「メンタルモデル」があり、最下層に本当はどうしたいのかという「ニーズ」が潜んでいます。

例えば、「社会の宿題の提出が間に合わなかった」という「出来事」があるとします。氷山を掘り下げると「パターン」として、「小学生のときからいつもギリギリで宿題に取り組んで、なんとか間に合ってきた」という繰り返し起きていることがありました。さらに掘り下げると「構造」として、「宿題の総量を把握する機会がない」「提出日を管理できるツールや仕組みがない」といったことが見えてきました。そして、その下の「メンタルモデル」にたどり着くと、「ちょっとぐらい遅れても卒業はできるから大丈夫」「自分だけじゃない」といった考えがあることに気がつきました。……とこんな具合に、知らないうちに抱いている思い込みにたどり着くのです。

親御さんから見て、「もう何回も言っているのに！」という出来事が起きたときに、「この奥にある構造やメンタルモデルはどうなっているんだろうね」と声をかけることは、子どもの気づきにつながります。親子間では、「ちゃんと意識してやらないとダメでしょう！」と叱って、おしまいにしがちです。しかし、意識だけでは人は変われません。「どのようなメンタルモデル」があって、「どんな仕組みがあれば解決できるのか」を具体化し、適切な手立てを打つことが必要なのです。適切な手立てとは、例えば、「宿題の提出が間に合わなかった」というケースの場合、「カレンダーでスケジュールを管理する」や「宿題を出された時点で『一緒に取り組もう』と友達と約束をする」といったことが考えられます。

子どもが、「またできなかった」と感じると、「自分には能力がない」「ダメな人間なんだ」と自己肯定感を下げてしまうかもしれません。構造を理解して、具体的な解決策を講じられるようになれば、自分への信頼も高まっていきます。

156ページのワークシートを活用して、「問題だと感じている出来事」「繰り返し起きているパターン」「そのパターンを生む構造」「構造の背景にあるメンタルモデル」を順に書き出してみましょう。子どもだけでなく、お父さんお母さんも自身の解決したい課題をピックアップし、最後にシェアをすると、親子の仲が深まるきっかけにもなります。

やってみよう
WORK 11

所要時間 45 分

STEP

1. 156ページのワークシートを活用する。自分が解決したいテーマを、「出来事」に記入する。
2. その「出来事」に共通する、繰り返し起こっている「パターン」を記入する。
3. 「パターン」はどうして引き起こされているのか、「構造」を記入する。
4. なぜ「構造」ができているのか、自身の「メンタルモデル」を記入する。
5. ワークシートをすべて記入したら、お互いにシェアする。どのような対策を講じると有効かを話し合う。
6. 対策を決めて一定期間取り組み、効果を検証する。期間を区切って状況をシェアし、違う対策が必要であれば再び検証する。

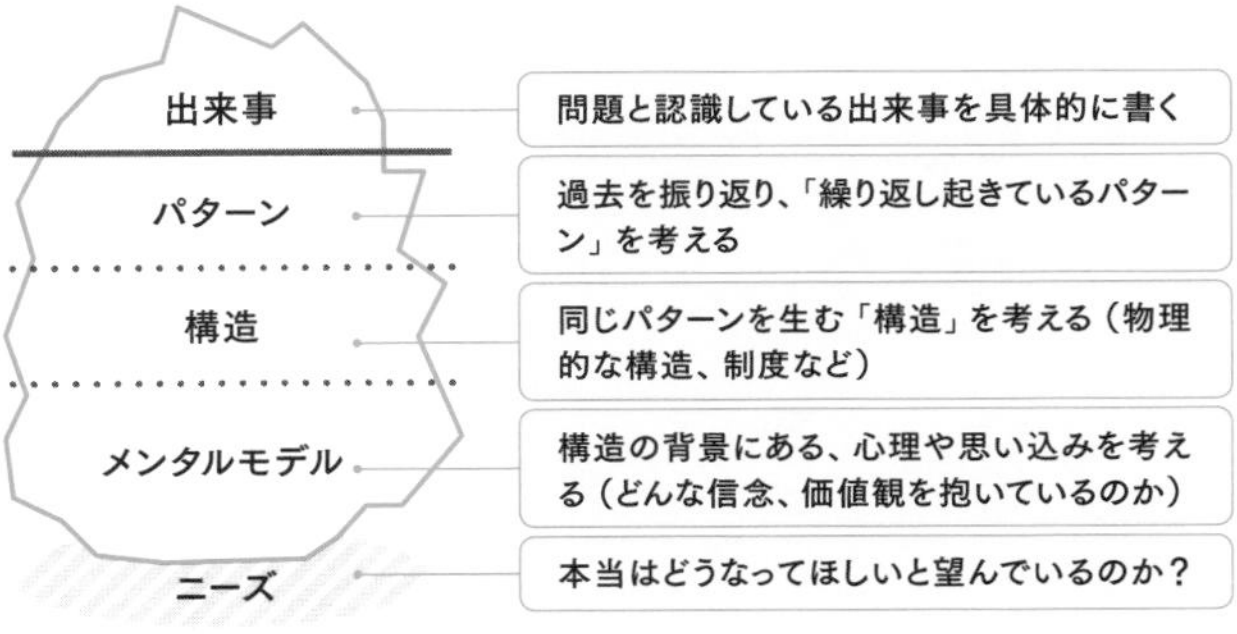

Worksheet 実際に記入してみよう

出来事

パターン

構造

メンタルモデル

ニーズ

二

年齢による特徴を知る
ーエリクソンの発達段階ー

ーズとは、ひとりひとりの「〇〇したい」「〇〇されたい」という願望や大切にしたい価値観のことで、潜在的に存在するものです。これは発達段階に大きく影響され、各段階で特定のニーズが顕著に表れます。ここでは、文部科学省が子どもの発達段階ごとの主な特徴を検討する上で参照している、「エリクソンの心理社会的発達理論」に基づいて整理します（＊4 出典は207ページ参照）。

各発達段階でどのようなニーズが生じるか。さらに、それが満たされないとどういったトラブルが起きやすいのか。それらを踏まえておくと、子どもの行動の背景が理解でき、スムーズに対応することができます。

とはいえ、発達段階には個人差があります。例えば、同じ3歳0か月だとしても、できることや得意なことは違いますよね。次ページから示す発達段階の理論はあくまで目安です。前後する可能性もあると、理解しておくとよいでしょう。そして、その段階のニーズを満たせなかったらもう取り戻せないかというと、そんなことはありません。いつからでもニーズは満たすことができます。

出生から1年未満の乳児期は、人に対する基本的な信頼感を育む大事な時期です。泣き声や視線などで養育者にさまざまな欲求を示し、それらが満たされないと、「不信」を抱きます。【信頼VS.不信】がこの時期の特徴です。子どものニーズが満たされれば前者の感情（乳児期なら信頼）を抱き、満たされないと後者（乳児期なら不信）を抱きます。本書では幼児期から青年期までを紹介します。各発達段階で生じるニーズと満たされなかったときに起きる気持ちへの理解を深めていただければと思います。

1 幼児期初期（1歳〜3歳）・後期（3歳〜6歳）

初期 ［自律性 VS. 羞恥心と疑惑］

「自分でやってみたい」という気持ちが自然に生まれてくる時期です。子どもたちにはチャレンジする機会を提供し、彼らが自信をもって挑戦できるよう「適切な足場かけ」が求められます。「適切な足場かけ」とは教育の専門用語で、適切な自信をつけて挑戦する意欲が生まれるような適性なサポートを意味します。適切なチャレンジの機会や支援がないと、子どもたちの自律性というニーズが満たされず、自信を育むことが難しくなります。

例えば、子どもが小さな手で大きな牛乳パックを持ち、腕を震わせながらコップに注ごうとしてこぼしてしまったとき、「だから、やめなさいと言ったでしょう！」とつい注意をしてしまうこともあるかもしれません。しかし、こうした指摘が続くと、子どもは「自分は失敗して怒られる人間なのだ」という認知を強めてしまう可能性があります。挑戦の中でうまくいかなかったことを批判され続けると、新たなことへの挑戦の意欲がそがれてしまうのです。自信や意欲を失うだけでなく、羞恥心が強く根づいてしまう傾向もあります。失敗を過度に避けたがる気持ちが強まるのです。

後期 【積極性 VS. 罪悪感】

幼児期後期になると、自律性がさらに発展し、積極性へとつながります。この時期の子どもたちは「これを達成するために」や「こういう自分になりたい」といった具体的な目的意識をもって行動するようになります。しかし、このような機会が十分に与えられていないと、「自分はこんなこともできないのか」と卑下する気持ちが湧き、「誇れる自分ではない」という思いが強まります。

例えば、「自分で保育園に着ていく服を選びたい」と子どもが主張したことに対して、「急いでいるんだから、そんな時間ないでしょ」と言い続けていると、子どもは積極性を発揮するのをやめようと思ってしまいます。忙しかったとしても、「この3着から選んでみてね」など、範囲を狭めるなどして機会を与えられるといいでしょう。

2 学童期（6歳〜13歳頃）

［勤勉性 VS. 劣等感］

学童期になると、言語能力や認知能力が高まり、善悪についての理解と判断ができるようになります。生物や植物など自然科学への興味関心やメカニズムの不思議さに目が向く時期でもあります。

学童期後半（10歳以降）になると、学校での部活動や行事などの集団活動に主体的に参画する傾向も強まります。自分たちでルールをつくったり、計画をしたりといったことが段々とできるようになる時期でもあります。こうした背景には、自分のことを客観的にとらえられるようになっているという成長があります。言い換えると、「アイデンティティの模索や確立」が行われはじめるフェーズなのです。

ニーズとしては、自分の関心のあることに向けて「努力をする」「継続する」という勤勉さが表れます。さらに、「自分には能力がある」と自覚をして、自己肯定感や自己効用感が高まります。子どもの挑戦の幅が広がっていくので、「これができるようになった」「チャレンジしたらできた！」など自己肯定感を高めやすい時期だといえるのです。

一方で、それが満たされないと「自分には能力がない」「あの子に比べて勉強ができない」など劣等感を抱きやすい時期でもあります。

「小3の壁」という言葉を耳にすることがあります。この時期の子どもは、学習面などで他者との優劣を感じやすく、自己肯定感が下がり、それが劣等感につながって行動に表出されるようなことがあるのです。親は「○○さんはもう九九を覚えたんだって！」などほかの子と比べるような発言をするのではなく、目の前のお子さんがどんな目標や意欲をもち、どんな努力や試行錯誤をしているのかをとらえて、しっかり言葉で承認してあげることが大切です。

3 青年期（13歳～22歳頃）

［アイデンティティ（自我同一性）VS.危機］

青年期は第2次性徴期を迎えるタイミングです。身体的成長は個人差がとても大きく表れます。例えば、身長が一気に伸びる時期が、小学5年生にくる子もいれば、高校2年生の子もいます。女性であれば、生理を小学4年生で迎える人もいれば、中学3年生くらいで迎える人もいます。

身体的な変化に伴って、次に起こるのが「心理的変化」です。「自分は社会の中でどんな存在なのか」「他者は自分のことをどう見ているのか」といったアイデンティティの確立が本格化していきます。また、これまで自分が信じてきたアイデンティティが崩れたり、違和感を覚えたり、わからなくなってしまったりといったことも起きます。つまり、自分への信頼や自己認識が揺らいでいくのです。

この揺らぎに対しては、自分で選んだ価値観を信じて、貢献、行動することで揺らぎが落ち着いていきます。そして、自身のアイデンティティの確立が進むのです。

さらに、身体的な成長の影響から「自分は子どもではない」という意識も生まれ、大人に支配されず、ある種自由になりたいという意志が強まる時期でもあります。とはいえ、日本社会においてはまだ親の保護下にあることが一般的なので、さまざまな衝突を生んだり、自由になりたいけれど自活する力を得られずもがいたりといった心理的変化や葛藤が生じることも多いです。

身体的変化と心理的変化のあとにやってくるのが「知的変化」です。例えば、他者と比べながら自分を客観的に見つめて、「どうすればより良い自分になれるのか」を考えだします。人によっては、見えを張ったり、知ったかぶりをしたり、自分を大きく見せるような嘘をついたりするようなこともあります。

青年期の後半は、「どんな自分であったらいいのか」を模索しはじめる時期です。昨日までは、「おしゃべりな、明るい人だ」と思われていたのに、急に寡黙でリアクションがまったくなくなるといったことも起こり得ます。

大人の目には、「この子は突然変わってしまった」と映るかもしれません。しかし、ある意味で、青春期における自然な変化であるといえるのです。

加えて、友人関係に強い意味を見いだすことも青年期の特徴です。「友達と離れたくない」「友達と同じ行動をしていたい」などのニーズから一喜一憂しがちです。それが「信頼されたい」「いいやつだと思われたい」という気持ちを抱くことにつながることもあります。

一方で、強く意識する反面、他者との交流に消極的な傾向を示す人もいます。ただ、「もっと自分は優れている」「一目置かれたい」など根幹には他者を意識しており、その裏返しとして、距離を取り交流に対して消極的になっているといえます。

さらに、「自分の性的な関係性の対象」に興味関心が強まるのもこの時期の特徴です。性のことは、どこまでを健全とするかは保護者がラインを引いて、子どもと話し合っていけるとよいのではないでしょうか。例えば、「好きな子がいるんだ」「告白しようと思っている」ということであれば、そこまで心配する必要はないのかもしれません。こうした状況であれば、無理強いして詳細を聞き出す必要もないでしょう。ただ、この時期の強烈な興味関心からいびつな形で恋愛が表現されてしまう場合には注意が必要です。例えば、リスクの大きい出会い系サイトでやり取りをしていたり自己犠牲の上で成り立つような恋愛に進んでいきそうだったりすることもあるからです。背景には、アイデンティティの揺らぎにより、自分の価値を自分で低く見積もり、相手に自分を安売りしている心理があります。つまり、性への関心とアイデンティティの揺らぎにより、極端な考え方や危ない恋愛への興味といったニーズが起きがちなのもこの世代の特徴だといえます。

エリクソンの発達段階は成人期（22歳から40歳頃）、壮年期（40歳から65歳頃）、老年期（65歳以上）と続いていきます。本書では詳細は割愛しますが、大人になってからも成長とともにニーズは変容を続けていくことが明らかになっているのです。

Chapter

5

SELと
チェンジメーカー

本章では、私の人生の軌跡を振り返ります。幼い頃から学校になじめず、自らの環境を変えるためにスイスの高校へ進学する決断をしました。そこで初めて学びの喜びを感じ、大学では社会起業家の研究に没頭。社会にポジティブな変化をもたらす人材がどのように育つのかを探求し、その答えがSELにあることに気づいたのです。

5章では私の生きてきた道を振り返ります。SELと出会い、そこに大いなる可能性を感じるに至った背景には自身の経験が色濃く関係していると思うからです。

道を切りひらいている渦中の人は、自分が道を切りひらいているとは感じないものだと思います。僭越《せんえつ》ながら、私も「道を切りひらいてきましたね」と言われることがありますが、正直なところ自覚はまったくありません。そう言われてはじめて、「そうなのかな……？」と思う程度です。

「切りひらく」というと、大志を抱きズンズンと歩を進めているようなイメージが浮かぶかもしれません。しかし、本人にとっては自分にとってしっくりくる道を選んでいった結果にすぎないのではないかと思います。すなわち、自己理解が深まったことで、選択肢が生まれ、それをただ選ぶことを積み重ねていっただけです。

さらにいうと、家族など近しい人も、「この子は道を切りひらいている」とは認識していないのではないかと思います。むしろ、「心配だけれど、応援しよう」といったヒヤヒヤした気持ちを抱きながら、その子の気持ちを信頼して見守っていることが多いでしょう。

私の経験が、今、学校や社会に違和感を覚えたり孤独を感じたりしている子どもたちやその親御さんの少しでも役に立つことを願って、私の人生を振り返ってみます。

学校になじめなかった幼少期

私は自分のやりたいことが明確で、すぐに行動に移すタイプでした。「あれもやりたい」「これもやりたい」という「ＷＨＡＴ」に関する主張はもちろん、「こんなふうにやりたいんだ」という「Ｈｏｗ」についても自分で決めたい。周囲の大人は手を焼いていたのではないかと思います。

幼稚園のときに、当時開催中だった長野オリンピックにちなんで「国旗を描こう」と先生が言いました。私は「自分でかっこいい国旗を作ろう」と決めて、実際には存在しない国旗を描きました。そして、自分が描いた国旗を「どうだ！」とばかりに見せた瞬間に、みんなの反応が想像していたものとまったく違うことに気づきました。ほかの子どもたちは実在する国旗を手本にして描き、それを先生は「上手に描けたね」と褒めていたのです。

30年経った今も覚えているほどショックを受け、羞恥心を覚える体験でした。おそらく、私は自分で創り出すことへの欲求が強かったのに、それを踏みにじられたように感じたのだと思います。その結果、今でも絵を描くことに抵抗感を抱いてしまいます。

小学校に入っても、「何かを創り出したい」という思いは止められませんでした。勉強は嫌いではなかったので、自作のテストを作成して、友達に出題。しかし、私の行動をおもしろく思わない先生もいました。私は問題を作れるようになるまで考えて勉強するような子だったので、ある授業で、「その教え方では、みんなこんなふうに勘違いしてしまいます」と指摘してしまったのです。今考えると、本当に生意気な子どもでした。

その結果、先生からは「あなたは面倒くさい」と言われ、さらには「悪霊」という呼び名までつけられました（「悪霊」はあんまりですよね）。大人にそうした扱いを受けたことで、「自分を出してはいけないんだ」と強く思うようになっていきました。

その後、中学受験をして進学校に進みました。周辺エリアからトップの学力の生徒が集まっており、成績は140人中40番ぐらい。それに対しては、優秀な子たちが集まってくるので当然だなと思っていました。成績よりも、自分の感じていることを発言して浮いてしまうことのほうが私を苦しめました。

歴史の授業で、第2次世界大戦を扱っていたとき、年号や人物名を覚えることばかりに終始しているように感じ、「もっと大切なことがあるのでは？」と違和感を覚えました。そして、「終戦が今の私たちの暮らしにどのような影響を与えているのか」という問いが沸々《ふつふつ》と湧き上がり、挙手をしてクラス全体にこの問いを投げかけました。すると、「テストに関係のない、面倒な発言をするやつだ」と言わんばかりの生徒と教員の視線が自分に向けられたのです。グサグサと矢が刺さるようなあの感覚は、今でも忘れません。

オリジナルの国旗を描いて友達から浮いてしまったこと、先生に指摘をして煙たがられたこと、そして、中学時代のこの体験から「やっぱり周りに合わせて生きよう」と私は強く誓い、内にこもっていきました。友達から浮いてしまう自分。浮かないように頑張ってみるけれど違和感で苦しくなる自分。こうした事実に目を向けると、孤独を感じ、苦しくなりました。

「もうここでは自分の知的好奇心を満たし、学び続けることは難しい」。そう感じた私は「自分の強みを大切にできる環境に移ってみよう」と思い立ち、カナダへの短期留学を決めました。そこでの授業はディスカッション形式で、「男性が育児にどう参画すべきか」「原子爆弾が広島・長崎に投下されたことから何を学べるか」など、答えがひとつではない問いについて意見を述べ合い、学び合いました。

結果、その短期留学で「これが私の学びたいスタイルだ！」と気づきました。そして、中高一貫の私立校で、中学から入学した生徒は当たり前のように高校に進学する環境を飛び出す決意をし、「私は海外の高校に行きたい」と両親に直談判したのです。

自己認知・自己決定が推奨されるスイスの高校

海外の高校を調べる中で、最終的にスイス公文学園高等部への進学を決めました。4か国語を公用語とするスイスに興味を持ち、授業は英語ですが寮生活をともにするほとんどが日本人の生徒なので親も安心ではないか、という理由からこの学校に決めました。母は不安そうでしたが反対はせず、父は「自分がスイスに遊びに行く口実ができた」と茶目っ気たっぷりに送り出してくれました。今思い返すと、娘が短期留学から生き生きとした姿で戻ってきたことに安堵し、だからこそ応援せざるを得ない気持ちだったのかもしれません。

とはいえ、海外で寮に入りひとりで暮らすわけですから、相応にお金がかかります。学費を銀行に振り込みに行く日、母はあえて私を連れて「これを振り込みます」と札束を見せました。中学生だった私は、そんな大金をはじめて見て目を丸くしました。父と母が必死で働いて稼いだお金を私のために使っているのだと思うと、自然に「この学校でやりたいことを全部やろう」という覚悟が湧いてきました。

その思いのままに、高校3年間、私はやってみたいことすべてにチャレンジをしました。その中には、もちろんうまくいかないこともありました。生徒会に立候補して落選したり、生意気さで先輩と衝突したり。夏休みの2か月間アメリカの大学にサマースクールに行ったときには、参加者のほとんどがアメリカ人の生徒で、勉強についていくのがやっとの状態。英語は得意だと思っていたのですが、このプログラムでは単位通過すらギリギリでした。自分は井の中の蛙だったんだな、と挫折感を覚えました。しかし、それらの経験もすべて自分の学びになりました。

授業は、先生たちが自分の本当におもしろがっていることを伝えてくれました。大学のゼミのような授業が多く、先生たちは心から楽しそうに授業をしていました。小・中学校時代の私は、自分が表現したことや抱いた疑問に対して「変わっている」という視線を向けられて、好きな学びに没頭できませんでした。「学校に大好きな『学び』を奪われた」と感じていた私は、貪るように学びました。

例えば、英米文学の授業では世界の社会現象や問題が描かれた文章を扱っていました。ある日の授業のテーマは、ユダヤ人迫害の歴史について。その場には、私も含めアウシュビッツを訪れて収容所を目の当たりにした子も多くいました。授業で取り上げたのは、ユダヤ人迫害について書かれた文学作品で、その一節では、「一見選択肢があるように見えるけれど、破滅に向かうような選択しかできない」と当時の社会状況を表現していました。

私たちはその一節から何を感じ、どう考えるのかを対話しました。

また、旧ソ連の社会主義がどのような背景から生まれたのかを取り上げたこともありました。哲学のような授業で、「こうしたことが自分の目の前で起きたときに、何を考え、どういう選択をするのか」をエッセイで書くなど、必ず自分事に置き換えて考えることが求められました。こうした授業に没頭しているうちに、私は学びの楽しさをどんどん取り戻していきました。

打ち込んだのは勉強だけではありません。文化祭をゼロから企画して立ち上げたり、ミュージカルをしたり。生徒が各国の大使になりきり、実際の国連の会議を再現する「模擬国連」に没頭したこともありました。私は体を動かすことも好きなので、マラソンや2本のロープを使って跳ぶ縄跳び競技のダブルダッチもしていました。学校で提供されている機会はすべてに参加するような3年間でした。

そんな私がひとつだけ参加しなかったプログラムがあります。それが、ボランティア旅行でした。参加は自由ですが、海外大学進学を考えている生徒も少なくないので、ほとんどの生徒が参加を希望していました。海外大学では、入試の際にボランティアなどの課外活動を高く評価する仕組みがあるからです。

私も最初は参加するつもりで説明会まで行ったのですが、「なぜボランティア旅行に行きたいのか」という志望動機を前に手が止まってしまいました。私の心に渦巻いていた感情は、目の前にいる人たちの1日、2日の幸せはつくれても、その先の10年や100年の幸せにはつながらないのではないかという葛藤でした。もしそうなのだとしたら、私の存在価値は何なのだろうかと思い悩んでいました。仲の良かった友人たちが続々と参加を決める中、私は応募しないことにしました。

しかし、この思いを当時の数学の先生に伝えると、「チュニジアにJICA(国際協力機構)の活動を見に行かないか」と誘われました。その先生は元青年海外協力隊員で、JICAの構造的な変革の支援や長期的な投資などにも造詣が深い方でした。私はその先生と企画を練り、先輩などを誘って8人ほどでチュニジアを訪れ、山村地域にある職業訓練センターで数日インターンシップをし、教育によって貧困から脱する仕組みや構造を作る現場を肌で感じました。私の特性を理解して学びに反映してくれた、この年にしか開催されなかったＪＩＣＡ旅行。こうした先生に私は救われました。

この経験から、目前の人々を救うことだけではなく、構造を見直して社会課題解決をしていく方法があることを体験的に学びました。そして、このときに、私の関心は構造的に社会課題が解決されるアプローチを探ることにあると理解したのです。

こうした私の関心に応えてくれるような取り組みはほかにないのだろうか。そう考えあぐねていたとき、ふらりと入った書店で一冊の本と出会いました。それは、貧しい人々にお金を貸し、マイクロビジネスを立ち上げることを支援するグラミン銀行を創設した、ムハマド・ユヌス氏が執筆した『貧困のない世界を創る』という本でした。読み進めるうちに、システミックに社会課題を解決する実業家のことを「ソーシャルアントレプレナー（社会起業家）」と呼び、そうした事業を「ソーシャルイノベーション」ということを知りました。

進路に悩んでいた私は、ソーシャルイノベーションへの関心をきっかけに、進む大学を決めました。どうすれば貧困がなくなり、人々の自立と幸福が生まれるような仕組みとしての教育を実現できるのか。このテーマを追究するために、慶應義塾大学湘南藤沢キャンパス（ＳＦＣ）に入学しました。

社会起業家が持っている力とは

大学時代もさまざまなことにチャレンジしました。高校時代は英語で授業を受けていたので、正直、日本語の授業や研究には苦労しました。言葉がスッと出てこないもどかしい感覚があったのです。考えていることがあるのに、ピッタリ当てはまる表現が出てこない。その悔しさから、「言葉なんて信用したくない」とすら思っていました。

心の奥にある言葉にすることもできないけれど、確実に存在している何かを、外に出して人に伝えるためにはどうしたらいいのだろう……。この自分自身の課題が、大学時代の研究につながりました。大学ではパターンランゲージという、暗黙知・経験知を言語化するアプローチの研究に打ち込みました。

例えば、バスケットボールの試合で重要な場面で必ず決められるエースがいたとします。それを、「その人だからできること」として片づけるのではなく、バスケットボールの素人であったとしても再現できるような言葉に落とし込んでいく試みがパターンランゲージという手法です。「相手がこう動くので、こんなミスをしがちだが、そのエースはあえてこんな動きをする」と、コンテキスト（文脈）とプロブレム（問題）と解決策をセットにして書くことで暗黙知を共有していきます。

私は、パターンランゲージの「言葉にならないことを言葉にする」という矛盾に満ちた研究に魅了されました。失いかけていた言葉に対する信頼感を再び持つことができるかもしれない。言葉への限界と期待が渦巻いていたからこそ、この研究のおもしろさを感じていたのだと思います。

当時の私の研究は、パターンランゲージを使って、社会起業家に必要なマインドやスキルを言語化するというものでした。社会起業家を追いかけ、インタビューし、彼らのような人がどうやったら育まれるのかを研究しました。この研究に打ち込んだのは、社会に何らかの変化をつくり出す人がたくさん育まれていくことで、10年後、20年後の社会が必ず変わっていくはずだと確信を持っていたからです。

研究を重ね、実際に社会起業家を育成する教材を構想して、教育プログラムを提供できるまでに至りました。英語で論文を書いて出版もしました。このプログラムで、まずは同世代や少し下の世代の社会起業家を育てようと、大学生や高校生向けにラーニングキャンプを開催しました。彼らがどう変わるのかをワクワクして待っていました。

しかし、そこで私は壁にぶつかります。練りに練ったプログラムを全力で提供しても、響く人と響かない人がいたのです。

何回かプログラムを繰り返す中で、プログラムが「響かない人」の共通点が見えてきました。響かない人たちは、内面で起きている葛藤や違和感に目を向けたり、揺れ動く気持ちをとらえることをあまりしていませんでした。また、気づきや感情を他者に素直に伝えることが難しいと感じているように見受けられたのです。加えて、新しいことに挑戦したり触れたりすることへ消極的な姿勢も見られました。

誰しもチャレンジは怖いし、自分の内面をのぞき見て向き合うことにはストレスを感じるものです。しかし、そうした思いを抱き締めながら恐る恐る一歩を踏み出す。切りひらくということは、そういうことであるはずです。しかし、プログラムが響かない若者たちは、踏み出すべき一歩を見ないふりをしたり、「できない」と最初から諦めていたりする節がありました。

そのうちに、「私たちのプログラムは、この人には響かないんだろう」と予測がつくようになりました。「プログラムが響かない人は仕方ないよね」「それよりも多くの人に響いていることのほうが大事だ」と諦めることもできます。しかし、私はどうしてもそれができませんでした。「誰しもが可能性を持っているはずなのに、それを私は諦めてしまっていいのだろうか……」。

自問自答を繰り返しますが、「誰かの可能性を諦める」という決断を下すことはできませんでした。当時のプログラムは、パターンランゲージによって明らかにした社会起業家に必要なスキルセットやマインドセットを伝えたり、それを練習したりしながら身につけていくという内容でした。悔しさの中で、自身のプログラムを振り返ると、「響かない人がいるということは、私のアプローチが違うんだ。逆に考えれば、響かない人でも響くような教育アプローチがあるはずだ」という思いに至ります。

プログラムが響く人と響かない人をよくよく観察していくと、そもそもスキルセットやマインドセットを身につけるためには、土壌・土台が必要なのではないかと気がつきます。その土壌を表現することは難しいのですが、あえて言語化すると「マヨネーズのような人間の柔らかな核」の部分です。

この部分にアプローチする教育方法はないだろうか。私の関心はそちらへと向かっていきました。そして、自身の思考をアウトプットするために「私の教育アプローチが響く人と響かない人がいるのはなぜなのか」「人間のマヨネーズのような柔らかな核にアプローチする方法はないのだろうか」とFacebookに日本語と英語で投稿しました。すると、スタンフォード大学で教育学を研究している知り合いから、「それはnon-cognitive skills（非認知能力）ではないか」とコメントがあったのです。

このコメントをきっかけに、スキルセットやマインドセットを身につけるための土壌・土台とは発達心理学の領域でいう「非認知能力」らしいと行き着きます。今でこそ、非認知能力は多くの方に知られる概念になりましたが、当時の日本ではほとんど研究が進んでいませんでした。そこで、私は研究が進んでいるアメリカへ渡ることを決意したのです。

非認知能力を耕すＳＥＬとの出会い

ペンシルベニア大学教育大学院在学中、非認知能力を高めるアプローチを追いかける中で出会ったのが、「トリプルフォーカス」です。「トリプルフォーカス」では、非認知能力とされるコミュニケーション力や意欲、忍耐力などを、「自身」「他者」「外の世界」の3つの視点から育むことが重要だと説いていました。そして、大切なのは、「自身」「他者」「外の世界」をバラバラに理解するのではなく、つなげて全体としてとらえることだと知りました。

この「トリプルフォーカス」を実現する試みがSELです。「トリプルフォーカス」については、EQ（心の知能指数）の研究者であるダニエル・ゴールマンと『学習する組織』を書いたピーター・センゲの共著が『21世紀の教育』（ダイヤモンド社）として日本語訳されています。私も同書の巻末にSELの解説を書いているので、より詳しく知りたい方は参照してください。

さて、9ページでお伝えしたとおり、SELは、自分への気づきを深める力（自己理解力）、自分の感情とうまく付き合う力（自己管理力）、他者への気づきを深める力（共感力）、他者と良好な関係を築く対人関係力（社会スキル）、責任ある意思決定ができる力（意思決定力）という5つの能力を育むアプローチです。

SELに出会ったとき、私が「まさしく、そのとおりだ！」と思ったのは、「自分」と「他者」だけでなく、「社会（外の世界）」に目を向けていることでした。社会起業家の研究をしていく中で、「自分」や「他者」への目線を深掘りするだけでは、「どうすれば社会課題を解決するために歩み出していけるのか」という問いに答えることはできませんでした。自分や他者への視点が社会へとつながっていく。このつながりを「ｏｕｔｅｒ（アウター）」と呼びますが、このシステムのつながりこそが、私の求めていた学びでした。さらに、「こうしたことを思っているのは自分だけではなかったんだ」という安心感や喜びも同時に湧き起こりました。

誰もがチェンジメーカーになれる

「社会起業家を育てたい」という思いからスタートした私の研究ですが、教育現場に働きかけている今も地続きで同じことに取り組んでいます。「社会起業家」とは、事業を起こす人に限定されがちですが、要は「チェンジメーカー」のことです。

どのような社会にも大なり小なり「もっとこうなったらいいな」ということは多くあります。その身の回りにある課題を解決しようと取り組む人すべてがチェンジメーカーだと私は考えています。私の目指すイメージは「課題の地産地消」。「生まれては解決する」という循環をその土地で行うことができれば、幸せで豊かな社会の実現につながります。

人間は誰しもがチェンジメーカーになるポテンシャルを持っています。家庭、職場、地域、そして世界。それぞれの領域において変化をもたらすことができます。これらは単なる範囲の違いです。自分の関心がある領域をより良い方向に進めていくチェンジメーカーとして、「切りひらく力」を育めるように子どもたちへのアプローチを続けています。

探究学習を下支えするＳＥＬ

現在、小中学校では「総合的な学習の時間」、高校では「総合的な探究の時間」が導入され、学校現場における大きな学びのシフトチェンジが起きています。私が経営する株式会社roku youでも、高校の「総合的な探究の時間」に伴走する事業を実施しています。

「総合的な探究の時間」では、生徒ひとりひとりが、自分の興味関心に基づいたプロジェクト（マイプロジェクト）に取り組みながら、自己理解と社会への接続に向けた探究を行っています。しかし、生徒たちに「自分の好きなことをやっていいよ！」「自分の興味関心からテーマを決めていいよ！」と伝えると、生徒たちは困惑します。これまで、「好きなこと」や「興味関心」を中心に置いた学習をしてこなかったのだから無理もないと思います。

「こんなことを言ったら注意されそう」「これは学校っぽくないテーマだよね」とジャッジが働いて思ったことが言えない子が多くいます。あるいは、自分の興味関心に目を向けることやそれを表現することに慣れていない生徒もたくさんいます。そのため、roku youでは、子どもたちがジャッジを手放し、自身の内側に目を向けるSELのワークを通じて、探究の土台となる、自己理解、協働性、共感などを育みます。

そうやって学校と協働して環境を整えていくと、「切りひらく力」を発揮する子どもたちが何人も出てきます。私たちが沖縄で主催している高校生が自分の好きなテーマを見つけて探究し、その成果を発表する「全国高校生マイプロジェクトアワード」に登場してくれた生徒の例をご紹介します。

その生徒は、自分の気持ちを伝えたり、自分がどういう状態なのかを冷静に把握したりすることに、強い苦手意識を持っていました。人間関係の中でストレスを感じ、パニックになることもあったといいます。

そこで彼女は、自分の課題に向き合い、「気持ちと付き合うためのノート」を開発しました。40以上のプロジェクトの発表がなされる中で、彼女は教育関係者などで構成される審査員から高い評価を得て、大会の最後に「みんなに知ってほしいプロジェクト」として300人以上の観客の前で発表することになりました。

しかし、彼女は沖縄県で開催されたステージにおいても、「私だけオンラインの発表にできませんか。対面でステージに立つのはちょっと……」と渋っていました。何百人もの人を前にする会場での発表は彼女にとって負荷が大きいのではないかと、運営メンバー全員が頭を悩ませました。

そして、彼女自身に相談してみることにしました。すると、葛藤を見せながらも、彼女は大衆の前で発表するという決断をしました。大会出場を経て、彼女は自身の気持ちへの理解を深めていきました。その際に使ったのは、自分で開発したノート。探究テーマを自分の身をもって深めていったのです。結果的に素晴らしい舞台となりました。自信をつけた彼女は、クラウドファンディングの実施や開発したノートの発売にまで歩を進めました。

さらに、高校3年生になると、自分から手を挙げて、マイプロジェクトアワードとは異なるもっと多くの観客が集まる、しかも起業家や投資家がズラリと並んでいるようなイベントへ登壇し、プレゼンを完璧にやってのけました。

私たちは彼女に機会を提供したにすぎません。道を切りひらき、成長していったのは、彼女自身です。こうした姿を見ると、学びの主体を子どもに戻していく探究学習を真の意味で実現すれば、「切りひらく力」を伸ばす子どもがもっとたくさん増えるのではないかと思います。

私はいつも子どもたちが自ら伸びていく姿に、学び、励まされ、やはり人は生まれながらにして美しい存在なのだと思いを深めます。学びはそれを耕す術《すべ》にすぎません。私は、学びの仕掛けづくりを通じて、多くの子どもたちの「切りひらく力」が育まれる土壌を耕していけるよう諦めずに、大胆に進んでいきます。

Chapter
6

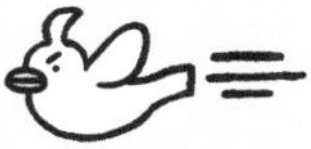

「親」の意識から スタートするSEL

“最後にお伝えするのは、SELを親子で実践する際に、親から体現していくことの重要性です。親が自分の内面で起きていることに気づき、自分の気持ちを大切にしてSELの学びを深めることで、子どもにも必ずいい影響があります。何歳からでも遅くはありません。子どもと成長し続け、より良い親子の関係を築いていってください。”

親は「透明人間」ではない

これまで多くの親御さんが、子どもに最適な環境を整えようと熱心に取り組む姿を見てきました。それは素晴らしい姿ですが、悲しい様子でもあります。その過程で親御さんが自分の存在やニーズを無視し、自分の存在を忘れてしまうような感覚に陥ってしまうことがあるからです。それはまるで「透明人間」です。

人間関係はすべて相互作用で成り立っています。親子関係もその例外ではなく、親の行動や態度がその関係に色濃く影響を与えます。親が「透明人間」のように自己を消してしまうと、それは子どもに良い影響を与えません。そもそも影響をなくすのは不可能なので、どのような影響を与えるかに注意を向けることが重要です。

まず大切なのは、親御さんが自分自身をしっかりと理解し、自分の内面に目を向けることです。子どもは親とは別の個を持っている存在であり、親がコントロールすることはできません。親自身が変わることが、親子関係をアップデートし、健全な方向に導くカギとなります。親は「透明人間」ではなく、常に感情や気持ちが揺れ動いている人間です。自分の感情に蓋をすることなく、それに気づき、その気持ちとうまく付き合うことが、より客観的な視点を持って、子どもと信頼関係を築くことにつながるのです。

▼親自身の自己理解が親子関係のカギとなる

「まずは内面から」を合言葉に

ＳＥＬは「インサイドアウトな学び」だと私は思っています。これは、内面が変わることで外面に影響が表れるという意味です。単に外に表出していることを取り繕うだけでは、社会スキルや情動スキルは向上しません。

親子の関係を見直すことは、自分を変えていくことにつながります。**ＳＥＬのアプローチは「こうしなければ」「こんな親であらねば」という固定観念から解放される行為だと私は思うのです。**ＳＥＬのアプローチを続けていくと、「こんなことを思っていいのだろうか」「親なのにこれでいいのか」といった思いが生じるかもしれません。しかし、それもあなた自身の自然な反応。「その感情がそこにあること」をまずは観察して、緩やかに認めて、「自分の状態に気づくこと」がSELの第一歩です。

4章ではたくさんのSELのワークをご紹介しました。これらを試す際には、まずは自分自身で体験し、変化を感じてください。そのときにはジャーナリング、つまり思考や気持ちをあるがまま書くことが有効です。自分の感情や思考を観察し、記録します。例えば、パートナーに対してイライラして怒ってしまったら、それを振り返ります。どんなことがきっかけで怒りの感情が湧いたのか、怒りの感情を感じているときの思考や体の状態はどうだったか。次に同じようなことが起きたときにはどう対処したら良いのかを考えるために、感情を可視化していくのです。

そうした内面を見つめる活動を重ねていくと、次第に「外側」にも変化が表れてきます。子どもへの声かけに変化が出てきたり、関係性が少しずつ改善されていったりします。自分の気持ちに目が向いているか、その気持ちとどう付き合っているのか、そうした自分の内面の成長こそが重要なのです。

ちなみに、向上した社会スキルと情動スキルは家庭の中だけでなく、「プロフェッショナルスキル」の向上につながります。例えば、ゴールを立ててそこに向かって着実に歩んでいく力や困難があっても諦めずに柔軟に進めていく力は、SELのアプローチの中で育まれていくのです。

▼SELを通じての自己理解は個人の社会的能力を高める

SELを習慣化する

SELはひとつ実践してすぐに変化がある単純な構造ではありません。だから、私たちはSELが学校の文化になるまで伴走を続けているのです。家庭においても、SELが定着するように「日常の中に落とし込む」ことが重要です。

人は努力や根性では、継続していくことは難しいものです。継続するポイントは物理的に仕組み化していくことです。例えば、子どもと「気持ちを天気にたとえるワーク」（122ページ参照）を毎日やろうと決めたとします。それを実現する仕組みとして、「これまでは、夕食の時間が19時からだったのを18：50からにしてテレビを消してワークをする」と、具体的に時間を確保していくのです。また、うっかり忘れないように「気持ちを天気にたとえる」シートを目につくところに置いておき、すぐにスタートできるようにするのもいいですね。

人間は心がけだけでは動けません。ＳＥＬは内面からの変化を促すアプローチですが、その効果を引き出すためには、対話や文章を書くなどの外面的な行動を変える必要があります。悶々と考えを巡らせているだけでは、不安や悩みなどを抱く漠然とした状態から抜け出せません。だからこそ、行動を仕組み化していくことが重要なのです。

▼SELを継続するために、「いつやるか」を具体的に決めておく

上下関係ではなく、フェアな親子関係に

親子関係はフェアであるべきです。つまり、上下関係や指導する・されるという関係ではなく、「人と人との関係性」である、ということです。確かにしつけや安全管理など、親が子どもに対して担う責任はありますが、それによって常に「親＝教える側」で「子ども＝教わる側」という形である必要はありません。

親は生まれたときから子どもと毎日一緒にいるので、「守ってあげなければいけない」「教えてあげなければいけない」という状態から、自立した個を持った人間同士の関係性

に切り替えるタイミングが見えにくいのです。そのため、子どもが成長しても、先回りして用意してあげたり、リスクがないように地ならししなければいけないと思ってしまったりします。「親はつい子どもを支援しなければと思ってしまうものである」ということを、私たちは自覚する必要があります。子どもは「今日から自分でできます」「これからはひとりで決めます」とは言ってくれませんから、家庭の中で観察をしたり対話をしたりして子どもの変化を把握するプロセスは欠かせないのです。

子どもには小さい頃から「今日はこの洋服を着たい」「この絵本を読んでほしい」といった意志が確かにあります。成長とともに、意志はどんどん拡張されていきます。大切なのは、親子で学び合える関係性でいることです。お互いの幸せを願い、支え合い、高め合えるような関係性でいられるためのアプローチがＳＥＬには詰まっていると思っています。

▼親子関係は、固定観念にとらわれず、柔軟で対等な関係を目指す

自分のコンプレックスを押し付けない

多くの親御さんが不安の中で迷いながら生きているように思います。私も日々不安と向き合う母親のひとりです。多くの親の不安がどこからきているのかというと、実はおおよそ自分の経験に由来します。例えば、「本当は自分はこうありたかった」という思いを持っていると、わが子には本来したかったことをやってあげなければ、と思ってしまいがちです。それは同時に期待にも転化されます。

「私は学歴がコンプレックスで就職活動に苦労したから、子どもは偏差値のいい学校に入れなければ苦労する」、あるいは「私は英語ができなくて大変だったから、子どもには早期に習わせないと」といった親の思いから、習い事が雪だるま式に増える子を見ることもあります。**親が自分の不安を解消するために子どもを動かしてもあまりいい結果にはなりません。**繰り返しお伝えしているとおり、子どもはひとりの人間ですから、親が思うように動かすことは不可能ですし、不健全です。

大切にしてほしいのは、「自分が動くことによって自身のトラウマが解消されないか」という問いかけです。親自身が自らの不安の居所を究明し、解消方法を探るのです。それはもしかしたら、自分自身が学歴の関係のない領域に飛び込むことかもしれませんし、英語を勉強し直すことかもしれません。自分自身の内面にある不安と向き合い、動くことで、解消されることはたくさんあります。

自分の苦手なことやコンプレックスに目を向けるのは、簡単ではありません。どんな人でも、抵抗感を覚えるものです。しかし、それに触れないことには、SELの学びは深まりません。私も苦手なことが多くあります。これまでの人生で失敗もつらい経験もしてきました。それが「自分の中でトラウマになっている」と気づくこともあります。そんなときは立ち止まって、自分の中にあるものを緩やかに観察し、受け入れる方向に動いてみてください。信頼できる人と対話しながらでも構いません。私は日本にＳＥＬを広げていく役割を担っていますが、決して完璧な存在ではなく自分自身が実践者であり、探究者です。

本書を通じて、自分自身の本当の声に気づくことができたら、どうかありのままを愛してあげてください。「子どもがいるから」「母親だから」「父親だから」といったフレーズで自分にリミットをかけないでほしいのです。社会の見えない枠やルールにとらわれないでください。これは私自身の挑戦でもあります。ともに、ＳＥＬを通じた自分自身への探究を深めていきましょう。

自身のコンプレックスに自覚的になり、その解消のために子どもをつかわない

おわりに

最後までお読みいただき、心から感謝申し上げます。

子どもが持って生まれた可能性を親子の関係の中で最大限引き出していく。本書ではそのためのさまざまな習慣をご紹介しました。それは、親自身がまず自身の感情に目を向け、自己理解を深めることからはじまります。私自身も、このプロセスに日々取り組んでいるひとりです。

「切りひらく」というのは、〝自分が生きたい世界を自分でつくる〟ということです。10代・20代の頃、私は自分の心に素直に従って、自分が描くビジョンを実現できる道を選んできました。Change Making（変化をつくる）はいつも自分から。そんな言葉がモットーでもありました。しかし、結婚して子どもが生まれ、生活にも仕事にもさまざまな制約条件が増えてきた今、母親という顔を持つ自分が「どう切りひらく力を養い、自分が生きたい世界をつくっていくか」という問いを、日々考え続けています。親だからといって完璧な存在である必要はありません。親と子という関係性は愛と期待と責任が絡み合い、複雑で難しいもの。だからこそ、フォーカスを自分に向けて、どのように自分の人生を切りひらいていくかを考えることは、子育ての道を明るく照らすことでもあると感じています。

本書でご紹介したアプローチは、お子さんの可能性を引き出すと同時に、あなた自身の成長を促します。これは、親子のより良い関係を築くことにもつながります。「切りひらく力」は、逆境をはねのけるというよりは、ありのままの自分や他者を慈しむ中で育まれるたくましさとしなやかさを持った力です。

これからも私はひとりひとりの生まれ持った可能性が磨かれ続け、有機的に響き合う豊かな社会を目指して、教育現場に向き合い続けます。いつも私を支えてくれるroku youのメンバーには感謝を伝えても伝えきれません。同じビジョンを追い、尊い一歩を踏み出してくれて、本当にありがとう。みんなの存在に、どんなに勇気づけられているかわかりません。私の切りひらく力を育んでくれた両親、そして、家族の多大なる支えと理解があり、仕事に邁進することができています。心から感謝しています。

最後に、この本を紡ぐ機会を与えてくれた小学館の高野さん、そして、本書を手に取っていただき、ここまで読み進めてくださったみなさま、本当にありがとうございました。本書で、新たな、そして、ありのままの、自分自身や子どもとの出会いは楽しめたでしょうか。あなたとあなたの家族が生まれながらにして持っている美しさが磨かれ続けますように。

願いを込めて。

下向依梨

著者

下向依梨 Eri Shimomukai

株式会社roku you代表

大阪府生まれ。慶應義塾大学総合政策学部へ入学後、社会起業家について研究。在学中に、社会起業家育成のパターン・ランゲージを開発、出版。その後、米国・ペンシルベニア大学教育大学院で発達心理学において修士号を取得。帰国後は東京のオルタナティブスクールに勤務。2019年に株式会社roku youを沖縄県にて設立、代表取締役に就任。SEL（Social Emotional Learning／社会性と情動の学び）を基軸に、全国延べ100校以上の学校改革や総合的な探究の時間に関わる。『21世紀の教育 子どもの社会的能力とEQを伸ばす3つの焦点』（ダニエル・ゴールマン、ピーター・センゲ、井上英之〈監修、翻訳〉／ダイヤモンド社）の解説を担当。一児の母。

https://www.roku-you.co/

出典

＊1 P.35 Farrington, Camille A., et al. Teaching Adolescents to Become Learners: The Role of Noncognitive Factors in Shaping School Performance--A Critical Literature Review. Consortium on Chicago School Research. 1313 East 60th Street, Chicago, IL 60637, 2012.

＊2 P.38 Durlak, J. A., Weissberg, R. P., Dymnicki, A. B., Taylor, R. D., & Schellinger, K. B. (2011). The impact of enhancing students' social and emotional learning: A meta - analysis of school - based universal interventions. Child development, 82(1), 405-432.

＊3 P.39 Granziera, H., Martin, A. J., & Collie, R. J. (2023). Teacher well-being and student achievement: a multilevel analysis. Social Psychology of Education, 26(2), 279-291.

＊4 P.157 文部科学省　子どもの発達段階ごとの特徴と重視すべき課題 https://www.mext.go.jp/b_menu/shingi/chousa/shotou/053/gaiyou/attach/1286156.htm

参考文献

星 友啓『スタンフォードが中高生に教えていること』（SBクリエイティブ、2020年）

世界標準のSEL教育のすすめ

『切りひらく力』を育む親子習慣

学力だけで幸せになれるのか？

2024年7月23日　初版1刷発行

著者　下向依梨
発行者　大澤竜二
発行　株式会社小学館
〒101-8001　東京都千代田区一ツ橋2-3-1
電話　編集 03-3230-5930　販売 03-5281-3555
印刷所　萩原印刷株式会社
製本所　株式会社若林製本工場

Printed in Japan ISBN978-4-09-389167-7

装丁・本文デザイン　新井大輔　八木麻祐子（装幀新井）
イラスト　Okuta
編集協力　佐藤 智
編集　高野杏里